少儿编程培训用书

U0745113

熊哥代码

# 熊哥教编程
## Scratch 3.0

主　编：张捷英
副主编：王斐弘　刘　晨

山东教育出版社

图书在版编目(CIP)数据

熊哥教编程 Scratch 3.0 / 张捷英主编. —济南:
山东教育出版社,2019.6
ISBN 978－7－5701－0654－7

Ⅰ.①熊… Ⅱ.①张… Ⅲ.①程序设计－中小学－教
学参考资料 Ⅳ.①G634.673

中国版本图书馆 CIP 数据核字(2019)第 103021 号

XIONGGE JIAO BIANCHENG Scratch 3.0

**熊哥教编程** Scratch 3.0

张捷英 主编

主管单位:山东出版传媒股份有限公司
出版发行:山东教育出版社
　　　　　　地址:济南市纬一路 321 号　　邮编:250001
　　　　　　电话:(0531)82092660　　　　网址:www.sjs.com.cn
印　　刷:山东德州新华印务有限责任公司
版　　次:2019 年 6 月第 1 版
印　　次:2019 年 6 月第 1 次印刷
规　　格:880 毫米×1230 毫米　　1/16
印　　张:11.75
印　　数:5000
字　　数:240 千
定　　价:58.00 元

(如印装质量有问题,请与印刷厂联系调换)　印厂电话:0534－2671218

# 写在前面的话

主编　张捷英

最近在市场上查看了部分 Scratch 书籍，引导读者入门的不少，但真正让读者既入门又提高的不多，能够把 Scratch 中编程知识系统介绍的更是少而又少，偶获两本，却是用对待成年人的教学方法讲授少儿编程，大有把小读者拒之门外的感觉。考虑再三，遂自己组建团队编了一本。

Scratch 是由美国麻省理工学院媒体实验室制作的面向少年儿童的图形化编程软件，最早一个版本是在 2007 年推出的，距今已十多年。目前麻省理工学院的 scratch 网站注册人数超过 3000 万，已成为美国最受欢迎的教育网站。之所以能够取得如此成就，与 Scratch 的设计理念有着密切的关系。设计者创造性地将儿童积木这种直观的玩具与计算机编程的抽象代码完美结合，让艰涩的编程学习变成了有趣的游戏。

Scratch 进入中国后，许多有远见的教育工作者开始研究推广，少儿计算机编程课正如雨后春笋般迅速普及。我曾经多次与学习编程的小学生交流，问他们学习的感受，他们对这一门课均表现出极高的兴趣。我们知道，兴趣是最好的老师。在这种兴趣的引导下，他们通过学习编程能够得到什么呢？

## 1. 熟练地使用计算机

几乎所有的孩子都会使用手机，甚至熟悉手机上的各种游戏，但大部分孩子对计算机很陌生。在学习编程以后，孩子们不仅能够熟练使用计算机查找、复制和保存文件，还能够学会使用计算机的 Word 和 Excel 软件来处理文字和数据，实现了从把手机当玩具到把计算机当工具的跨越性转变。

## 2. 摆脱了对手机游戏的沉迷

我发现，孩子们在完成了一个电脑游戏的制作之后，很快会去试着修改其中的参数，让游戏变得更容易或者更难甚至更加稀奇古怪。在这种大胆尝试的过程中，他们尽情享受制作和改变游戏的乐趣，如同一个魔术师在研究一个刚刚学会的新魔术。到了这个阶段，你企图用另一个游戏迷惑他已经不可能了，因为他已经看穿了其中的把戏，这时他已经开始想，如何编一个比这个更好玩的游戏。

## 3. 创新意识更加强烈

孩子们的创新意识是非常活跃的，但是由于条件所限，他们的很多创新灵感往往一闪而过，因无法付诸实施而放弃。爱因斯坦少年时就产生了与光波一起运动的想法，难能可贵的是他始终没有放弃这种想法，后来经过长时间坚持不懈地研究，创造了颠覆经典物理学理论的相对论。Scratch 为孩子们提供了一个可以充分展现自己想象力的舞台，孩子们的好创意好想法可以通过编写程序的方法在这个舞台上实现。学习 Scratch 可以培养孩子们的创新意识，激励他们的创新精神。

### 4. 思考问题更加严谨

经过编程训练的人，考虑问题会更加系统周全、严谨细致。孩子们学习计算机编程，有利于培养严谨细致的思维习惯，改善自己的思维方法。正如美国苹果公司联合创办人史蒂夫·乔布斯所说："每一个人都应该学习编程，因为它教会你如何思考"。

### 5. 辅助了其他学科的发展

计算机编程是一门综合学科，涉及英文、逻辑判断、物理知识、计算机知识、数学运算等方方面面的知识。比如负数的概念，小学六年级才开始学习，但是，大多数城里的孩子还没上学，就从乘坐电梯时了解了负数。通过学习编程，一年级小学生就可以应用负数的概念，并对笛卡尔坐标系形成初步认识，数学水平会远远超出同龄人。

### 6. 为学习专业编程奠定坚实的基础

通过使用 Scratch 编程，孩子们可以接触并理解计算机编程中的判断、循环、布尔代数、变量、列表等概念，可为进一步理解和学习其他各类编程语言奠定基础。就目前计算机编程语言的发展看，图形化编程正在蓬勃发展，谷歌公司在 2017 年推出了 Blockly 1.0 图形化编程工具。相信在可期待的将来，使用图形化编程一样可以编制出功能强大的软件。

面对蓬勃发展的少儿编程教育，社会上也有不少人质疑。当然，这些质疑很少涉及少儿学习编程的必要性，更多的是质疑其可行性。比如：小孩子能够学懂编程吗？小学生学编程是不是太早了？对此，最能说明问题的恰恰是 Scratch 编程在美国小学生中的普及。如果小学生学习编程太早的话，那么美国塔夫茨大学专门为学龄前儿童设计的编程软件 Scratchjr 岂不是更让孩子们难以接受吗？事实上，无论是 Scratch 还是 Scratchjr，都受到了美国少年儿童的热烈欢迎，且早已开启了他们的编程学习之路。美国孩子能学，中国孩子当然也能学，这一点是毋庸置疑的。另外，还有些对编程教师、教材方面的质疑声，而这些恰恰说明少儿编程教育需要支持、帮助和发展，需要更多的专业计算机编程人员投入其中。

本书的编写本着寓教于乐的精神，力求将编程语言中的抽象概念春雨润物般地应用到各种游戏的代码里，引导孩子们在潜移默化中学会那些艰涩难懂的概念，为今后深入学习编程铺平道路。

本书由本人主编，在编写过程中尤其感谢两位副主编王斐弘和云南大学 2018 级数据科学与大数据技术专业的刘晨，部分章节的编程设置和操作参考了他们的意见。同时，我们也借鉴了业界最新的研究成果和资料，在此一并致谢。

张捷英

2019 年 5 月 10 日于济南

# 目　录

熊哥代码

熊哥代码

熊哥代码

熊哥代码

熊哥代码

熊哥代码

# 第一章
# 认识 Scratch

熊哥代码

**Scratch** 是美国麻省理工学院媒体实验室专门为小朋友设计的图像化编程工具。Scratch 在英语中形容摩擦的声音，意思就是小朋友们使用鼠标滑来滑去就可以编出有趣的电脑程序，电脑编程的过程像游戏一样好玩。还有一种解释，是英语的 "from scratch"，意思是从头开始。让我们在这里从头开始学编程吧！

2019 年 1 月 2 日，Scratch 更新到了 3.0 版。现在我们就用这个最新的版本学习电脑编程，来创作自己的软件作品，锻炼提高自己的学习能力，展现自己的创作才华。

## 1. 下载 Scratch 软件

首先在电脑浏览器标题栏里输入 scratch.mit.edu，登陆 https://scratch.mit.edu/ 网站，打开网页。（如下图所示）

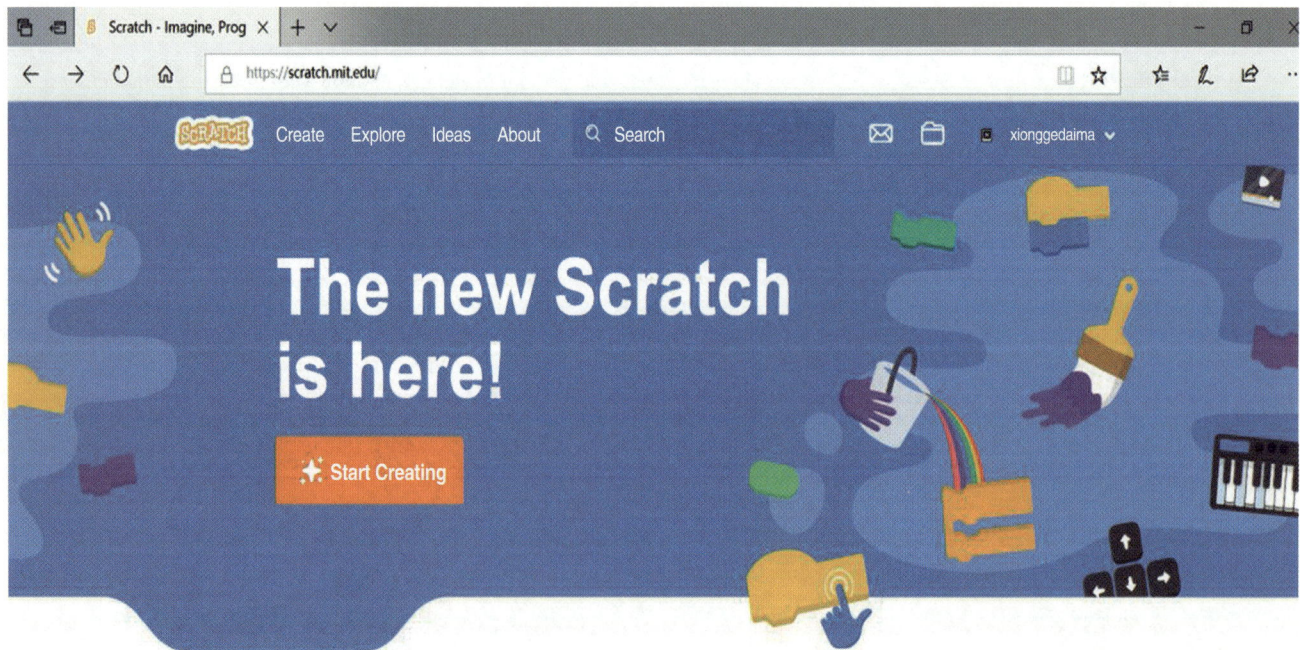

然后点击网页下方的语言变更按钮，换成中文简体，就可以看到下面的页面了。

点击页面下方的"离线编辑器"。（如下图所示）

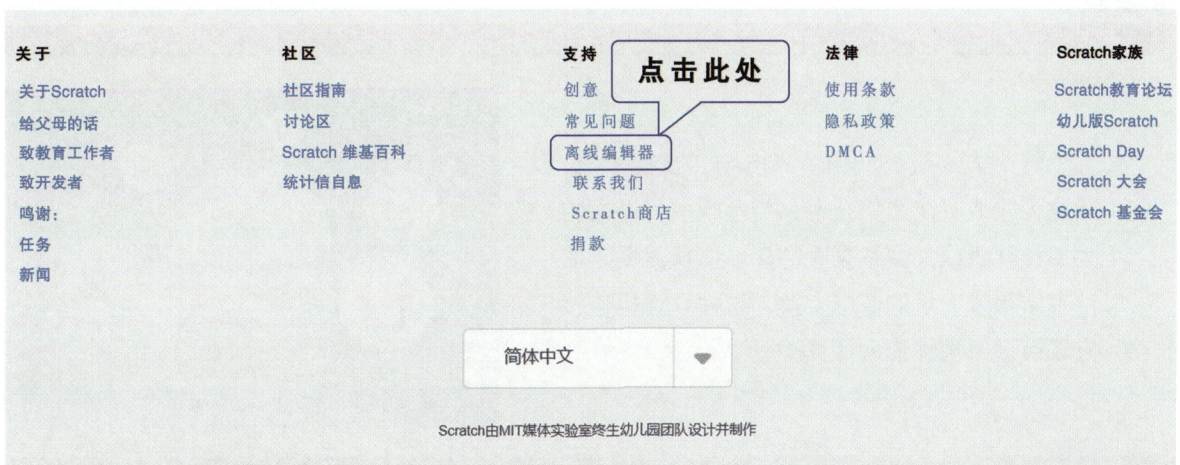

**每个人都应该学习编程，因为它教你如何思考。**

**——苹果公司创始人史蒂夫·乔布斯**

来到这个界面，选择好自己电脑的操作系统，直接下载安装。

选择操作系统：　■ Windows　　 macOS

## 安装Scratch桌面软件

① 下载Scratch桌面软件

下载

点击此处，下载安装文件

② 运行.exe文件

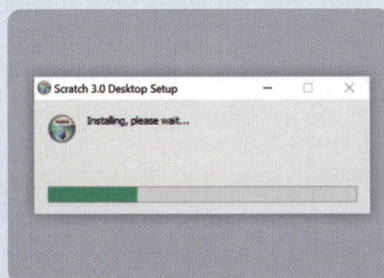

Scratch 3.0 Desktop Setup
Installing, please wait...

下载安装后，即使不使用互联网，也可以使用 Scratch，但是在使用翻译和外语读音的功能时会受到限制，因为使用这些功能时必须依靠云计算技术，离开了互联网，也就无法连接云计算了。

### 小贴士
### 云计算

　　将个人终端，例如个人电脑、智能手机，通过无线或有线通信技术，与互联网另一端的大型计算机或大型数据库链接，以获得复杂的计算结果或大量的数据支持，这种计算机连接方式被形象地称为云计算。

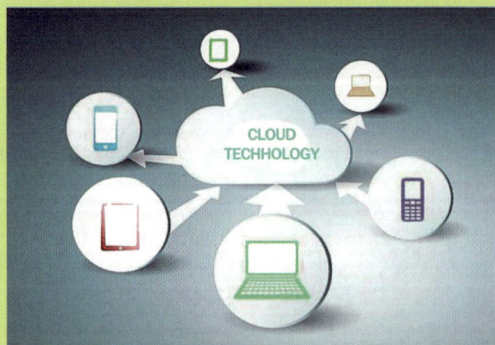

CLOUD TECHHOLOGY

## 2. Scratch 3.0 长啥样

打开 Scratch 3.0，我们就可以看到主页面的 5 个区域。（如下图所示）

## 3. 舞台展示区

　　小朋友们编写完成的电脑程序，就在这里展示。点击舞台展示区右上角的小方块按钮，舞台展示区就会变大，再点一次，就会变成原来的样子。点击舞台展示区左上角的小旗子，游戏就开始了；点击它旁边的小圆点，游戏就结束了。右上角还有两个按钮，小朋友们可以点击一下并观察有什么变化。

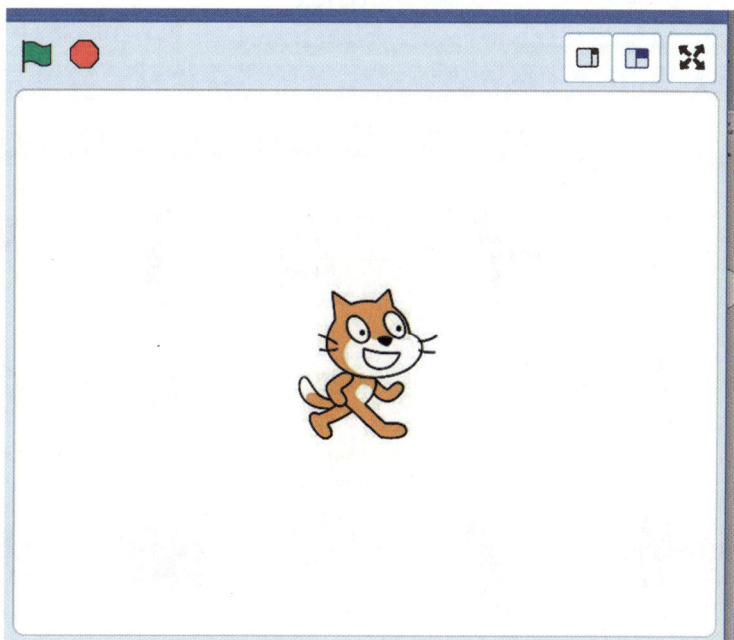

## 4. 角色列表与设置区

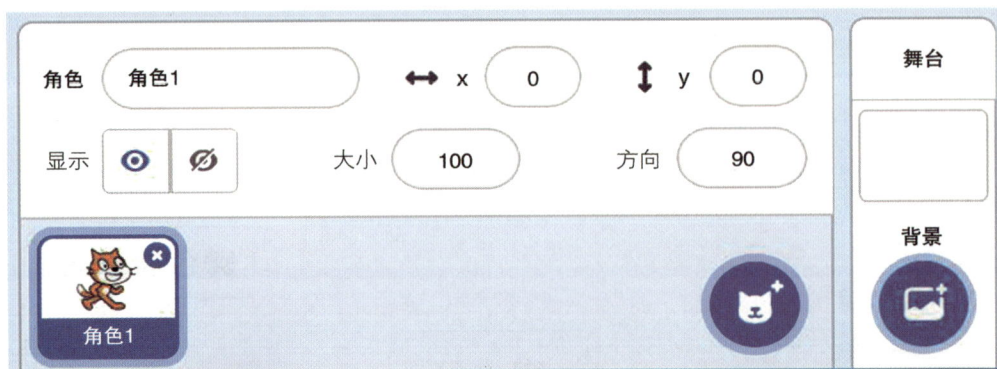

小朋友们编写的游戏中都有哪些角色呢？在角色列表与设置区里可以找到，在这里还可以增加和删除游戏中的角色。如果想删除其中的角色，可以使用鼠标右键调出删除菜单；如果想增加游戏角色，可以将鼠标移动到"猫头"图标上，此时"猫头"上会出现一个菜单，鼠标顺着这个菜单往上移动，就会出现"选择一个角色""绘制""随机""上传角色"四种添加角色的方式。"选择一个角色"就是从程序自带的数据库里面选一个。数据库里面存了很多角色，小朋友们可以根据需要选择。

如果在数据库里找不到合适的角色，我们就可以使用"绘制"功能画一个。Scratch 给我们准备了一个小画板，我们可以尝试着在上面画几笔，使用"绘画"功能自己设计一个角色。这种方式虽然麻烦，但是可以设计出有个性的角色。"绘制"功能是很有用的，小朋友们必须熟练掌握哦！

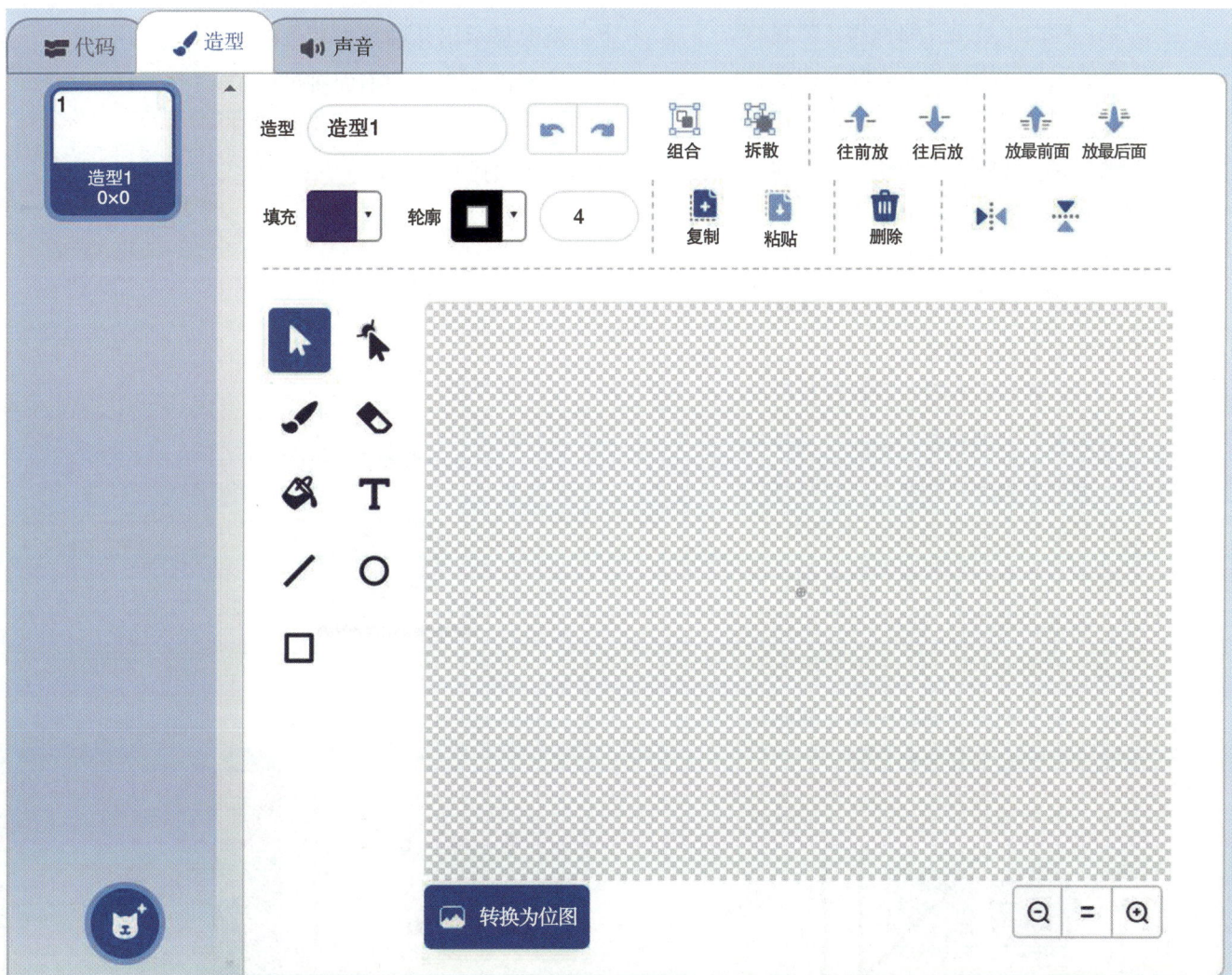

使用"随机"功能添加角色最简单，点击后，Scratch 会随机添加一个角色，但是大多数情况下会让你失望。"上传角色"这个功能是很实用的，当我们想使用电脑里的一张图片当角色时，就可以在电脑里找到那张图片并传进 Scratch 里。

## 神奇的 shift 键

如果我们想自己画一个角色或一个造型，就要使用造型中的画图工具。画图工具里有画直线、圆和矩形的工具，用这些工具画起图来可方便了。但有时，你会发现：你想画个圆，却画成了椭圆；你想画个正方形，却只能画出长方形；你想画条直线，结果却怎么也画不平整。遇到这种情况怎么办呢？那就请用神奇的 shift 键吧！

shift 键在哪里呢？电脑键盘的两边都有，上面写着"shift"。shift 在这里的意思是"转换"，平时我们打字过程中转换英文大小写时，经常使用这个键。如果我们想画个圆，而不是椭圆，就可以先按住"shift"键不松手，然后使用鼠标画圆。我们还可以使用 shift 键画出非常规整的正方形和直线。

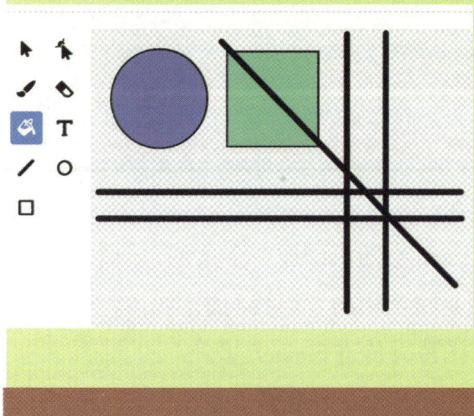

# 5. 舞台背景设置区

主页面的右下角是舞台背景设置区。只要把鼠标移到"背景"按钮上，就会显示出几种添加背景的方法。这些添加方法和前面讲过的添加角色的方式基本一样，我们可以根据需要选择使用。

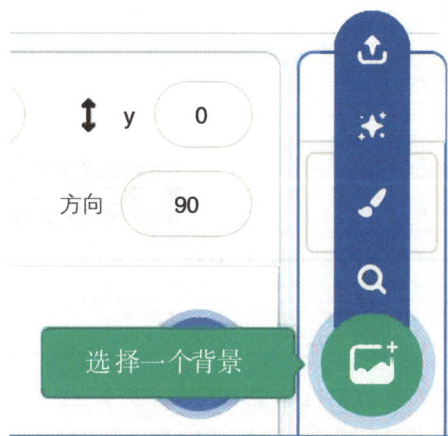

## 6.代码区

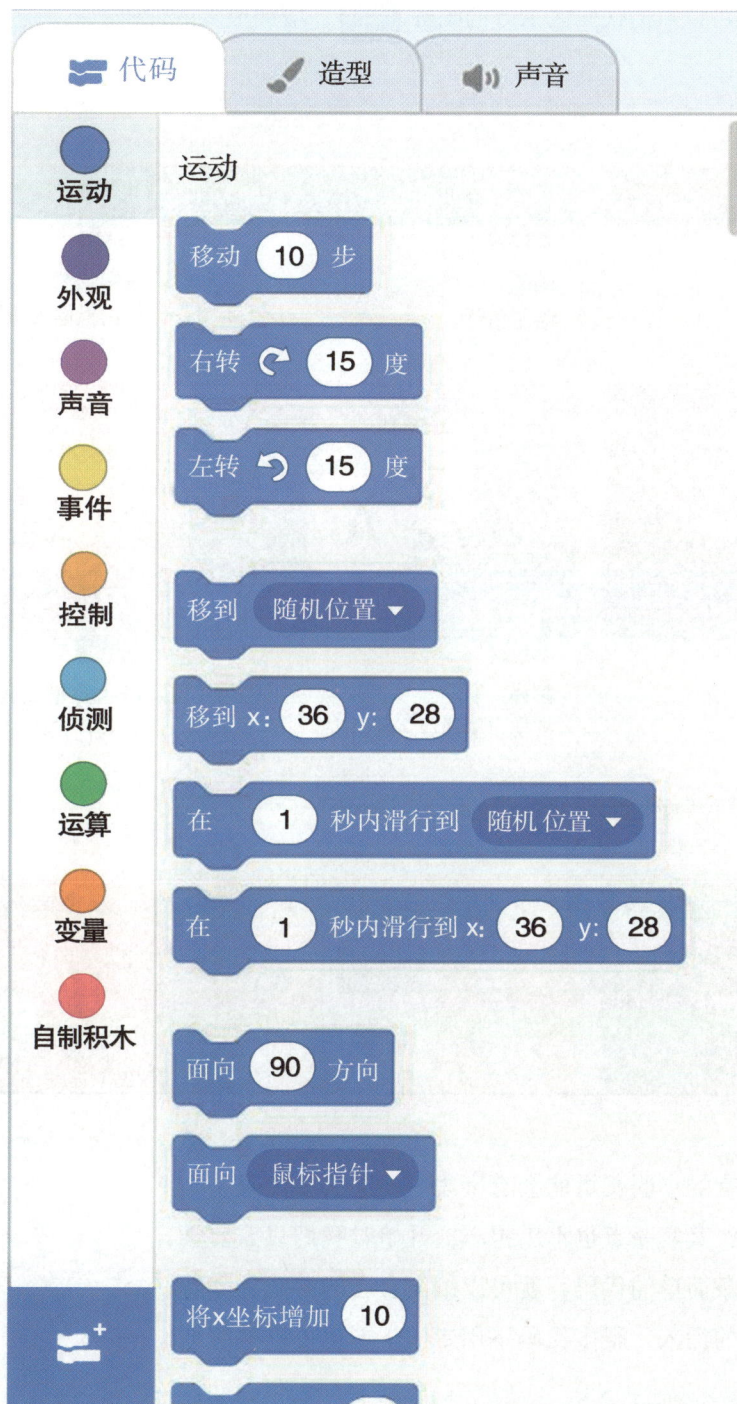

小朋友们编游戏，需要各种代码，就像玩积木，需要各种形状的木块。在这个区域里有九个类别、一百多条代码。如果这些代码还不够，就可以点击代码区下方的图标 ，增加更多的代码。

有的小朋友可能会有疑虑——这么多代码怎么学啊？其实一点也不用担心，开始时我们只需要学会几条简单的代码，就可以编出自己的游戏。随着学习的深入，很多代码不用专门学习也可以熟练地掌握。

编程已成为一项基本技能，每个人都应该学会。

——［美］马克·扎克伯格

## 7. 脚本区

脚本区是我们存放代码的地方。我们编代码，就如同电影编剧写剧本。剧本写好了，演员就按照导演的要求开始表演。我们如果把代码编好了，Scratch 中的角色也会按照我们的要求进行表演。只要我们有足够的想象力和熟练编代码的能力，就能在这里展现自己的才华。

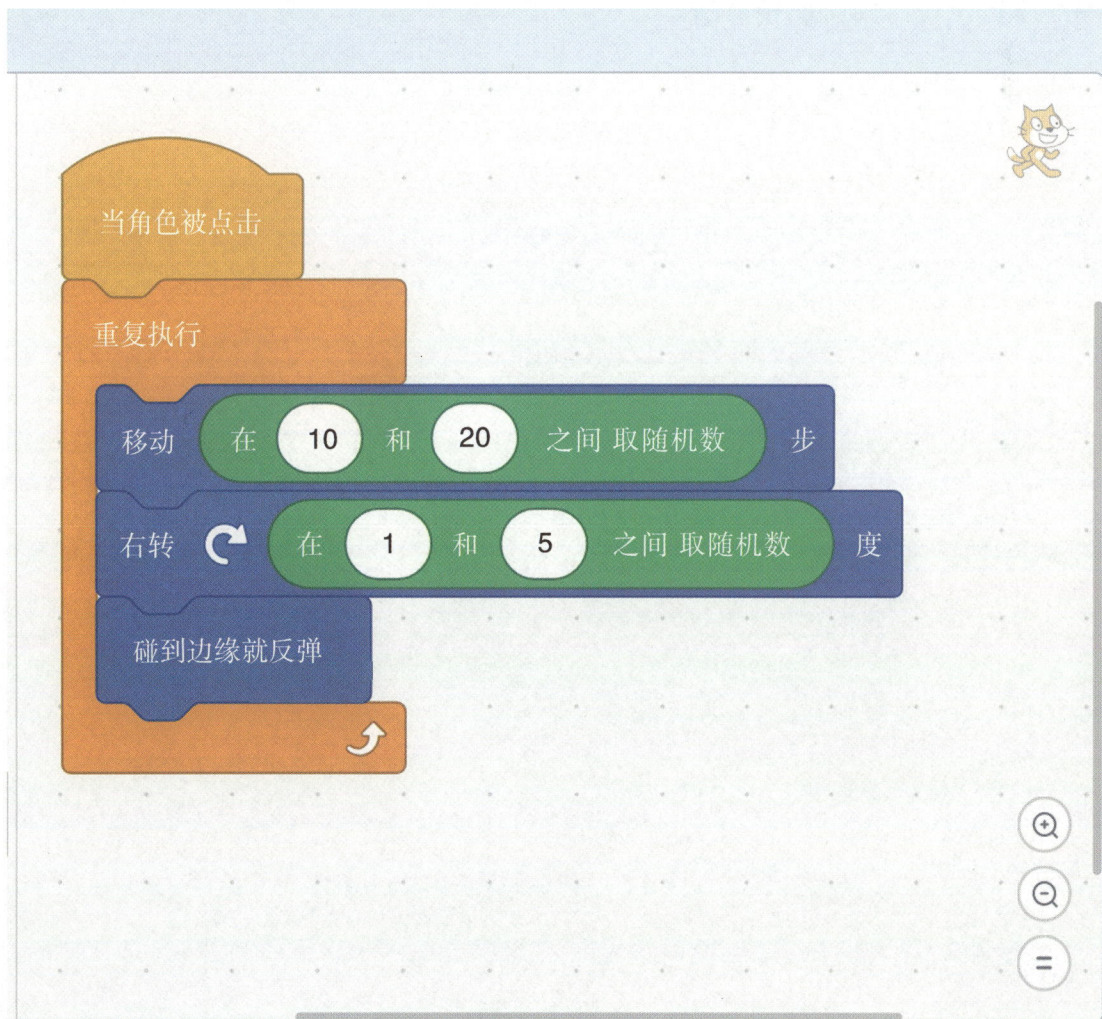

**不要只是玩手机，去编写它的代码。**

——美国前总统巴拉克·奥巴马

# 第二章
# 找几个代码
# 试一试

代码区里面的代码被分了很多类别，每个类别里面又有很多代码，这么多代码都是干什么的呢？让我们挑几个试一试吧。

## 1. 试试运动代码

我们看到排在最上面的是运动代码，"运动代码"的作用是让程序中的角色都能动起来。

我们把第一条运动代码"移动 10 步"用鼠标拖到脚本区。

移动 10 步

然后，用鼠标点击这条代码，这时，小猫就会向前移动一点，再点击一次，它就会再往前移动一点，是不是很有趣啊？

但是，我们也会有疑问：代码是移动 10 步，可是，它才走了一小段，这是为什么呢？

原来，这个舞台的长度一共有 480 步，高度也有 360 步，这么大的舞台，移动 10 步只是很小的一段。

有的小朋友很聪明，他就想让一条代码多运动几步，那怎么办呢？其实办法很简单，把"移动 10 步"中的数字改一下就可以了。我们只需要用鼠标点击数字"10"，然后输入自己想要的数字就可以了。

移动 100 步

看一看，我已经把"移动 10 步"变成"移动 100 步"了。

可是，我们千万不要高兴得太早。当你点击几次之后，会发现，你的小猫不见了，它已经跑出舞台了。怎么办呢？这时就用得着我们的另外一条代码了，它就是"碰到边缘就反弹"。

碰到边缘就反弹

把这条代码用鼠标拖到脚本区，点击这条代码，你就会发现，丢失了的小猫找回来了。有趣吧？这是为什么呢？仔细想想吧！

我们再试试另外一条代码"右转 15 度"，把这条代码拖到脚本区，点击一下，小猫就会顺时针旋转一点。

右转 ↻ 15 度

有的小朋友知道，转一圈是 360 度。这里，我们也可以按照刚才学到的办法，把 15 度的数字改一下。如果改成 90 度，小猫就倒下了；如果改成 180 度，小猫就会翻个了；如果转 360 度呢？哈哈，又转回来了。

## 2. 试试外观代码

这次我们把几个外观代码一起拖到脚本区里面。（如下图所示）

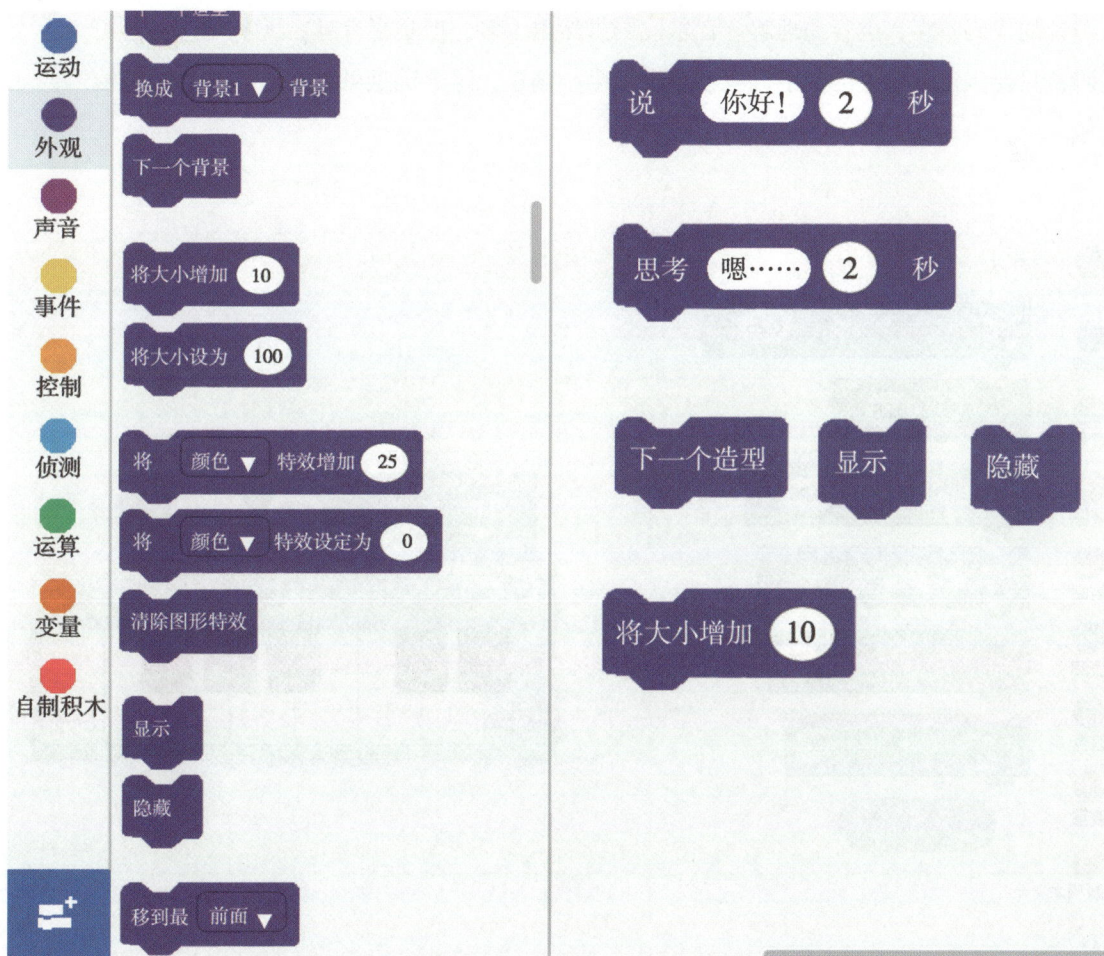

注意，千万不要让它们连接在一起，否则的话，就不是单独的代码了。

这时，我们挨个点击脚本区里的外观代码，观察各个代码的功能特点。

点击"说你好！"，舞台上的小猫就会说"你好！"。如果把代码条里面的

"你好！"改成"早上好！"，小猫也就改说"早上好！"了。

点击"隐藏"，角色就消失了；点击"显示"，它就会重新出现。是不是很好玩呢？

还有一个更好玩的，就是"下一个造型"。点击它，小猫的脚步就会发生变化，就像小猫迈开后腿走路一样。为什么会这样？小朋友们也可以想一想。

# 3.试试声音和音乐代码

声音的代码不多，也容易理解。音乐代码虽然也不多，但是很有趣，尤其是演奏音符的代码，只要点击代码上的数字，就会跳出一个小键盘，这个键盘可以左右移动，拓宽演奏音域。

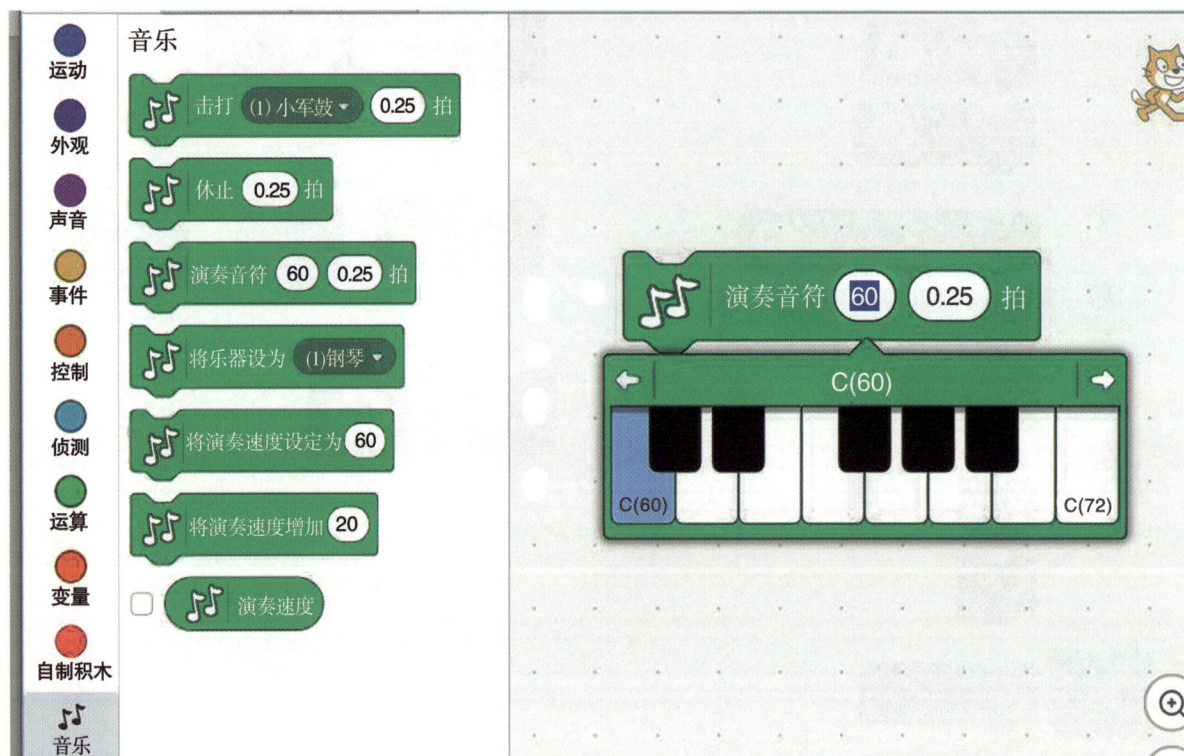

## 4. 试试运算代码

我们选几个运算代码拖到脚本区，如图所示：

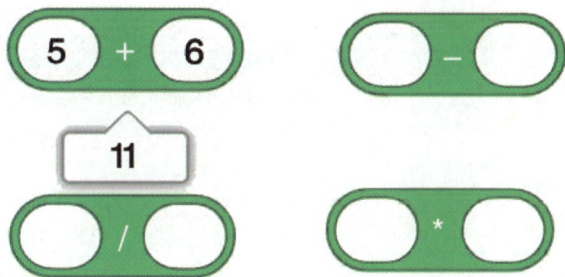

我还会做更难的。

$5 + 6$

$11$

$\bigcirc / \bigcirc$

$\bigcirc - \bigcirc$

$\bigcirc * \bigcirc$

在 1 和 10 之间取随机数

　　别看这些运算代码不起眼，功能却很强大。若在代码上的圆孔里填上数字，并点击这个代码，就会出现运算结果。即使你填进了复杂的数据，它们也能迅速给出答案。

　　有的小朋友看到了"在 1 和 10 之间取随机数"，可能不明白什么是随机数。那就看看小贴士吧。

$\bigcirc > 50$

$\bigcirc < 50$

$\bigcirc = 50$

### 小贴士

#### 什么是随机数？

　　往高空抛一枚硬币，落地后哪一面朝上呢？可以说，世界上没有任何一个人可以提前知道，因为结果是不确定的。我们把这种不确定的数，称为随机数。扔一枚硬币的随机数有两种可能——正面和反面；扔一个有 6 个面的色子，就有 6 种可能；在 1 和 10 之间取随机数，就会有 10 种可能。随机数在电脑编程中经常使用，小朋友们一定要记住啊！

每个人都应该学习编程，因为它教你如何思考。

——苹果公司创始人史蒂夫·乔布斯

# 第三章
# 玩玩 Scratch 模块

熊哥代码

在了解了每个代码的功能之后，我们再来看看这些代码联合起来可以做点什么。只有把这些代码联合起来，才能叫作程序。

## 1. 启动程序的按钮

所谓"启动的按钮"，其实就是"事件"类代码。（如右图所示）

从右图可以看到，"事件"类代码分别有"当小绿旗被点击""当按下空格键""当角色被点击""当响度>10""当接收到消息1"等。当我们的程序中出现了这些情况，就可以当作"事件"来处理了，并且利用这种"事件"功能来启动新的程序。

下面我们用"事件"代码做一段小程序。（如下图所示）

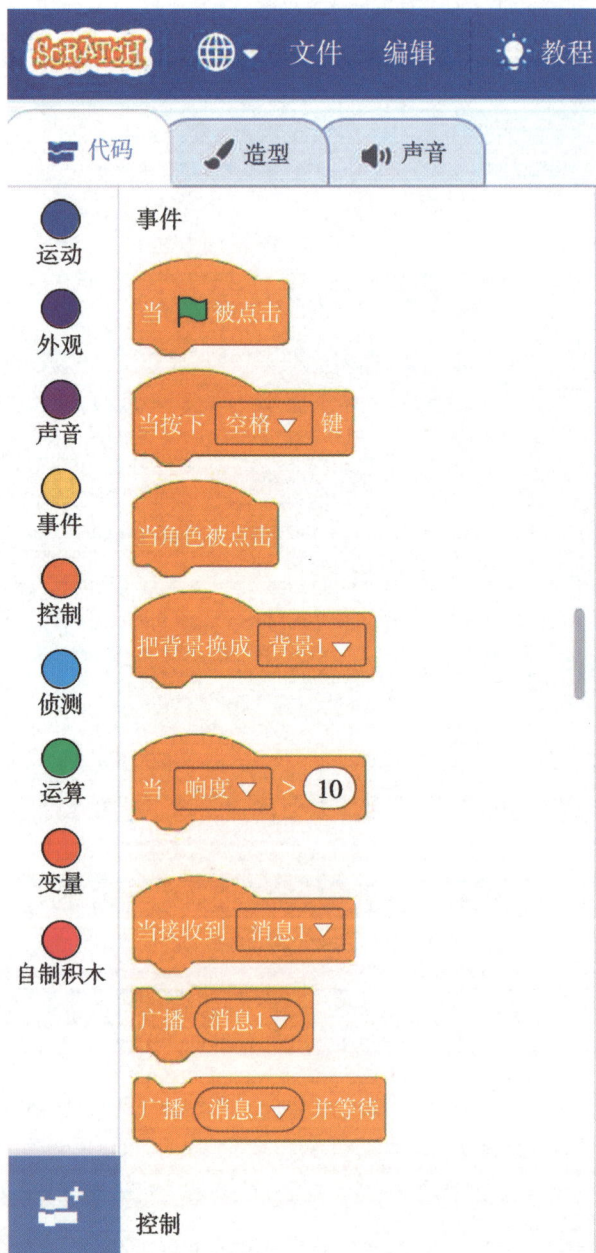

　　这时，只要连续点击舞台左上角的小绿旗，就可以看到小猫一连串的反应了。

　　这时，我们把前面的"当小绿旗被点击"换成"当响度 > 10"，然后对着电脑的麦克风轻轻地拍一下手，小猫就会叫起来。是不是很酷啊?

## 2. 用 Scratch 画一个圆

　　我们在 Scratch 角色库里面找一支铅笔，设为角色，并为这支笔添加代码。（如右图所示）

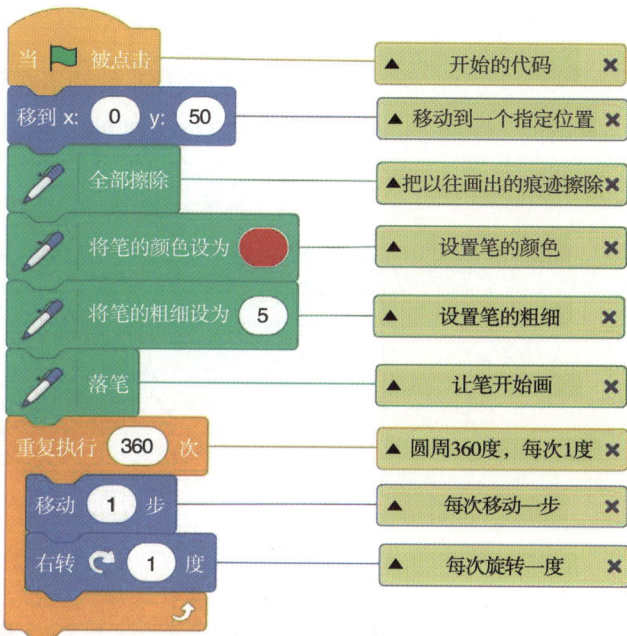

| 代码块 | 说明 |
|---|---|
| 当 ▣ 被点击 | ▲ 开始的代码 ✕ |
| 移到 x: 0 y: 50 | ▲ 移动到一个指定位置 ✕ |
| 全部擦除 | ▲把以往画出的痕迹擦除✕ |
| 将笔的颜色设为 ● | ▲ 设置笔的颜色 ✕ |
| 将笔的粗细设为 5 | ▲ 设置笔的粗细 ✕ |
| 落笔 | ▲ 让笔开始画 ✕ |
| 重复执行 360 次 | ▲圆周360度，每次1度✕ |
| 移动 1 步 | ▲ 每次移动一步 ✕ |
| 右转 1 度 | ▲ 每次旋转一度 ✕ |

　　点击小绿旗，观察一下铅笔的动作，一个完美的圆被画出来了。

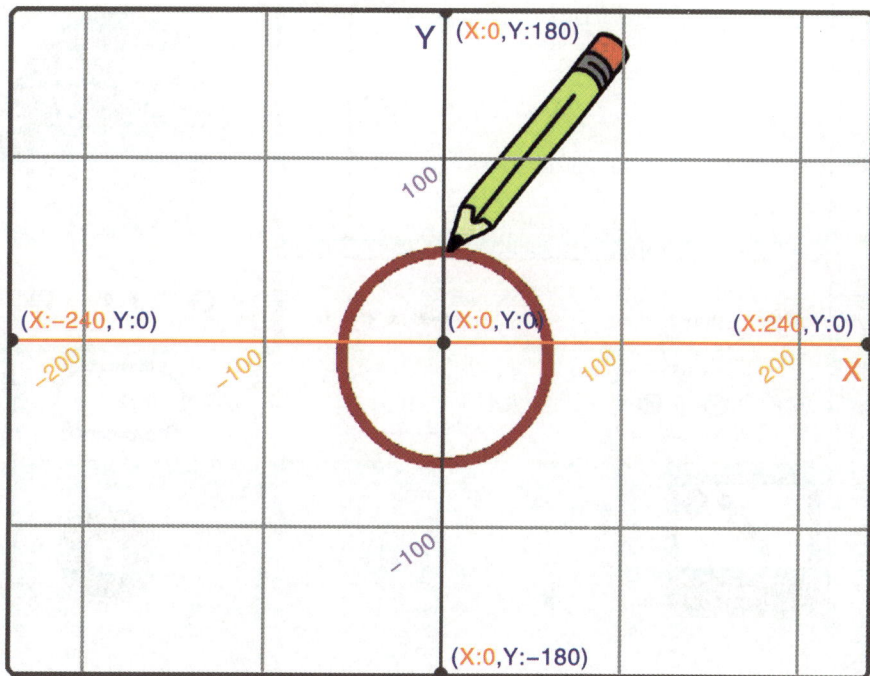

有人可能画出来的圆不在画面中心，那是由于笔的
初始运动方向没有在 90 度上。（如下图所示）

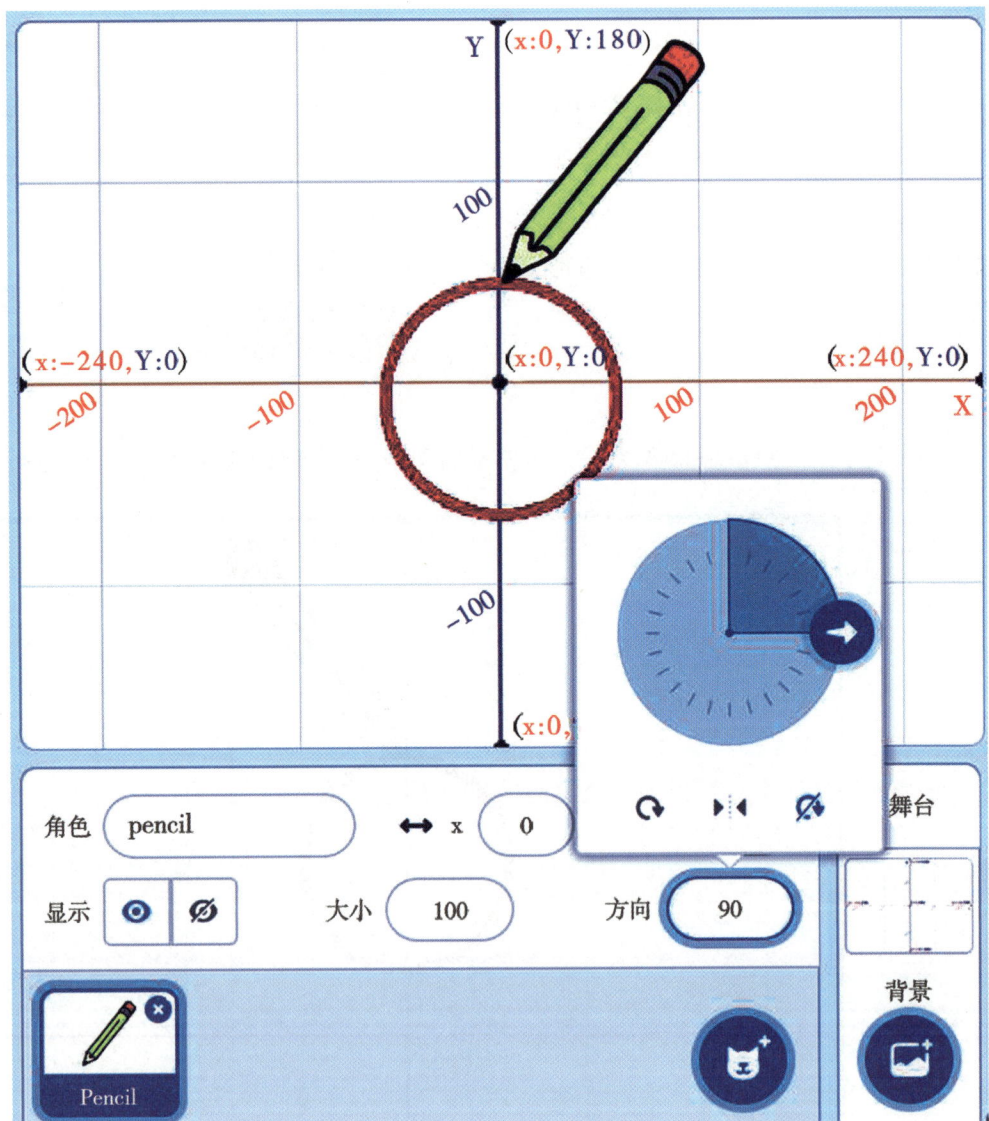

有的人画出的圆不在笔尖上，那是由于没定准笔尖的位置。解决的方法是点击造型标签，用画图中的"选择"工具选中全部铅笔，然后拖动铅笔，使其笔尖移动到画面的最中央。这样一来，画出来的圆就很规整了。（如下图所示）

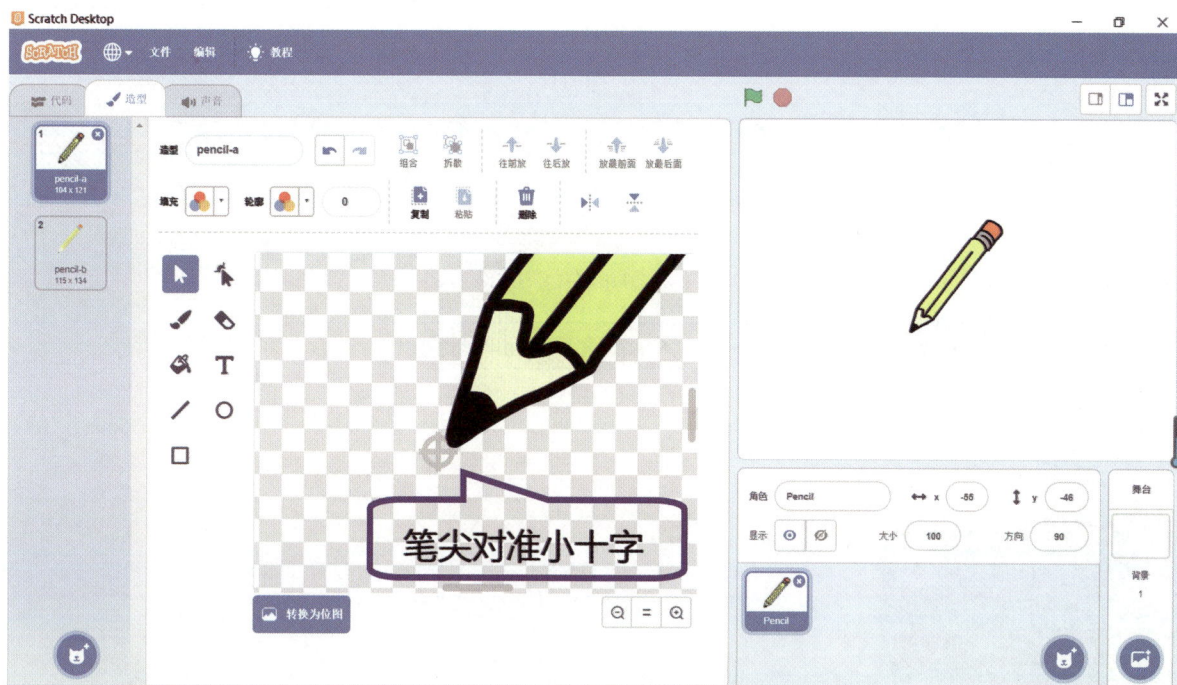

## 3. 用 Scratch 画个正方形

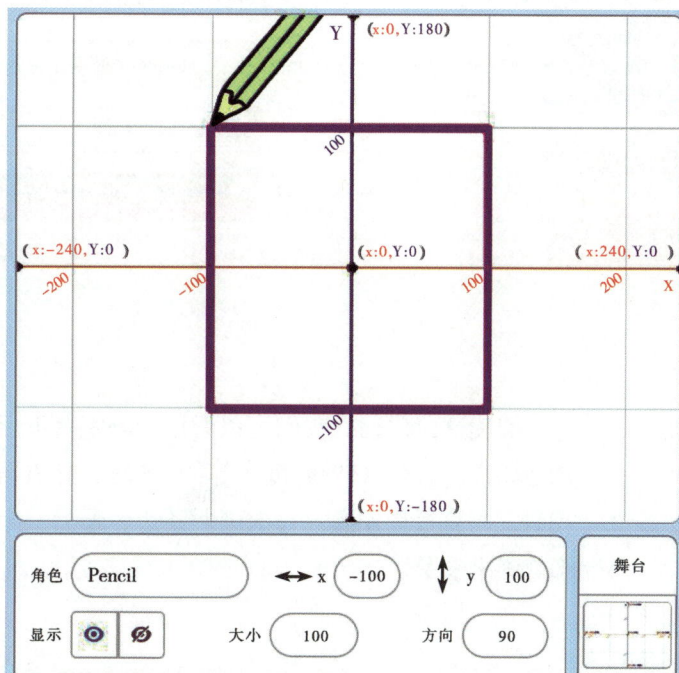

上图中的正方形是怎么画出来的呢？下面看看它的编程代码。（如下图所示）

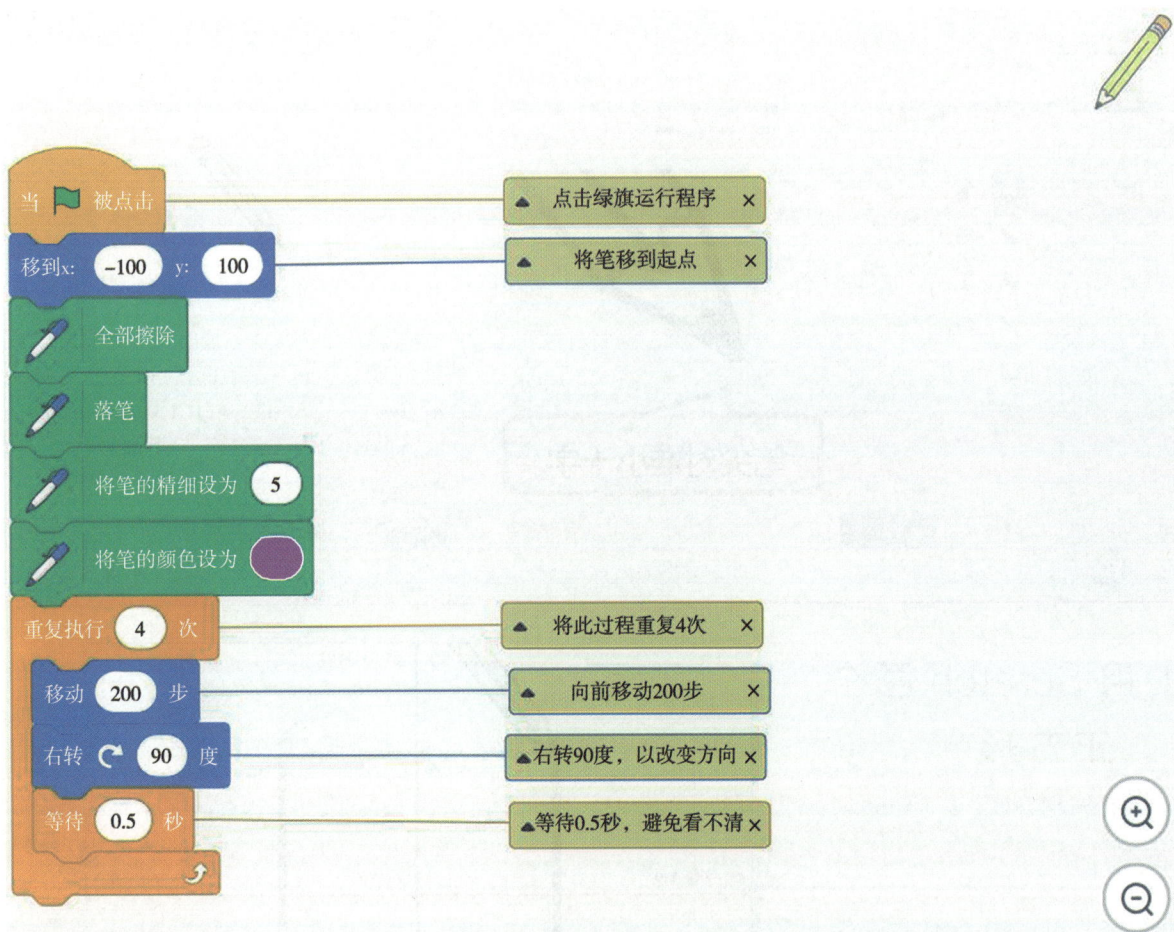

阅读这段代码，我们可以看出，画笔落下后，先向前移动 200 步，然后右转 90 度，等待 0.5 秒，接着再重复执行该代码，一直重复 4 次，每次画一条边，最后一个规整的正方形就画出来了。

## 4.换个方式画正方形

完成一项任务可以有多种方式，画正方形也是如此。刚才我们用了直行加转弯的方式，用别的方式是否也可以呢？让我们编出右图代码。

```
当 ▶ 被点击
移到 x: -100  y: 100
全部擦除
落笔
将笔的粗细设为 5
将笔的颜色设为 ●
移到 x: 100  y: 100
移到 x: 100  y: -100
移到 x: -100  y: -100
移到 x: -100  y: 100
```

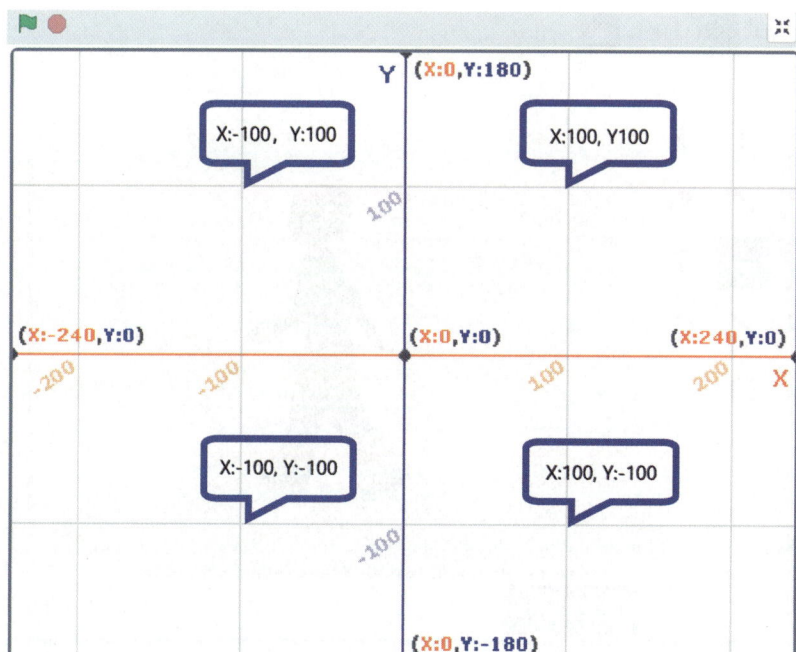

点击小绿旗，Scratch 居然也画出了正方形。这是为什么呢？这次编写的代码和前次相比，上半部分是一样的，只是下半部分改变了，不再是走多少步、拐多大的弯儿，而是让它从某个点分别移动到哪几个点。这几个点是用不同数值的 X 和 Y 来表示的。在这里，舞台区是有坐标点的，整个舞台就是一个坐标系，这个坐标系的 X 是从 –240 到 240，Y 是从 180 到 –180。（如左图所示）

Y (X:0,Y:180)

X:-100, Y:100　　　X:100, Y100

(X:-240,Y:0)　　　(X:0,Y:0)　　　(X:240,Y:0)

X:-100, Y:-100　　　X:100, Y:-100

X

(X:0,Y:-180)

每个人都应该学习编程，因为它教你如何思考。

——苹果公司创始人史蒂夫·乔布斯

**小贴士**

**笛卡尔发明坐标系**

　　大约 400 年前，一个叫笛卡尔的法国人，总想着把代数方程和几何学联系起来。有一天，他生病躺在了床上，发现一只蜘蛛从空中垂落下来，蜘蛛在空中的位置可以用 X、Y、Z 三个数字确定下来，由此他发明了空间坐标系。这样一来，代数方程所描述的几何形态，就可以在坐标系里完整地表现出来了。

　　只用 X、Y 两条互相垂直的线，就可以做出一个平面坐标系。平面上任何一个点，都可以用 X 和 Y 两组数据确定下来。

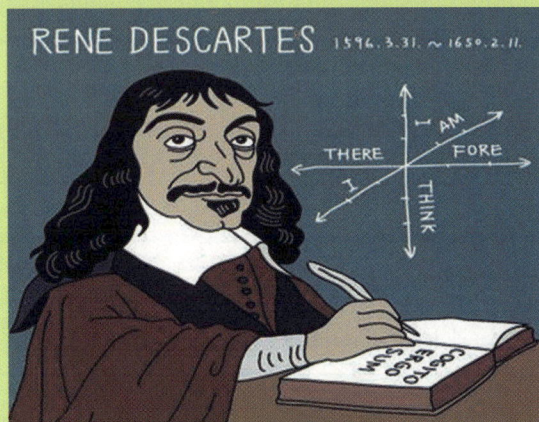

RENE DESCARTES 1596.3.31. ~ 1650.2.11.

THERE I AM FORE I THINK

COGITO ERGO SUM

## 5. 角色与造型

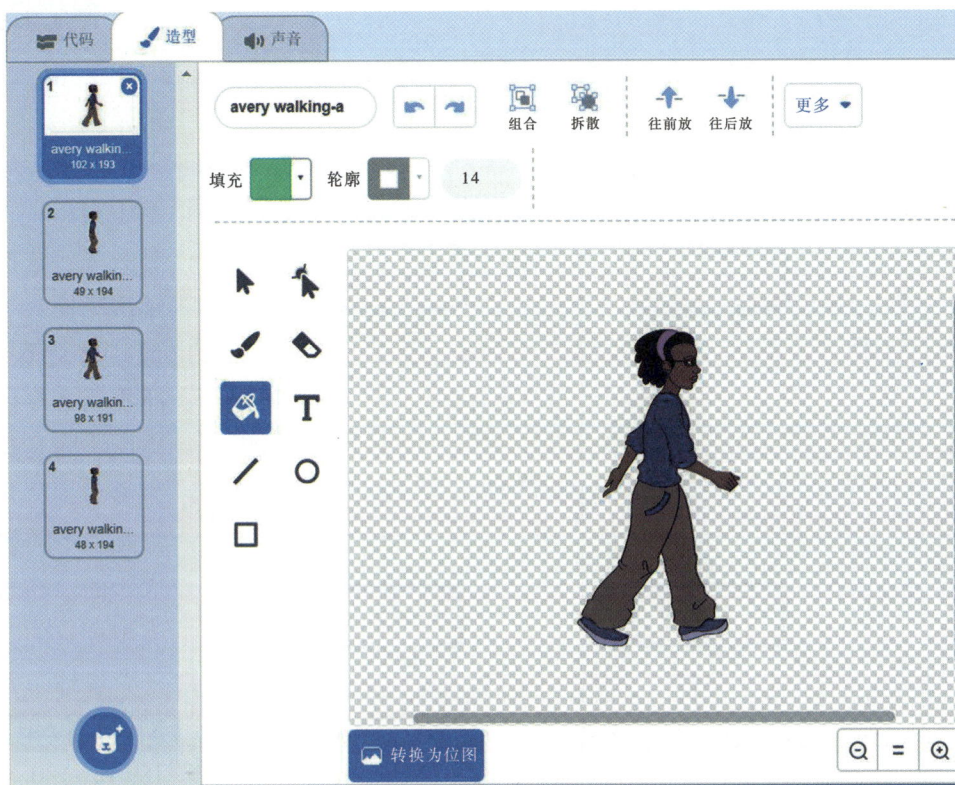

　　在 Scratch 自带的角色库里面，有的角色有多个造型，而且也允许编程人员自己添加造型。有的 Scratch 作品里面，同一个角色有上百个造型。下面我们体验一下角色与造型的关系。

　　右图中的角色有 4 个造型，分别是走路时的不同动作。

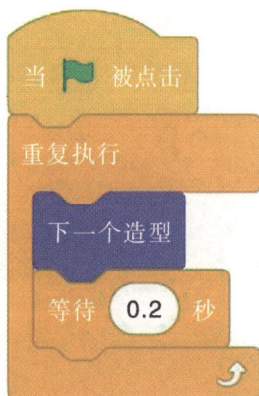

我们给上图中的角色添加系列代码（见左图）。执行代码时该角色会有怎样的表现？

当 🏳 被点击

重复执行

下一个造型

等待 0.2 秒

当我们点击小绿旗时，这个角色每隔0.2秒就会换一个造型，当4个造型循环一遍之后，他就会表现出一个完整的走路动作。一直重复执行这个代码，就可以看到这个角色连续走路的动作了。

**小贴士**

**位图和矢量图**

位图，就是用点阵的方式表现一幅图画。这种图片的优点是色彩丰富、表现逼真；缺点是，一旦放大图片，就会看到一个个点阵，越放大越明显。矢量图是用数学语言描述的图形，其优点是无论怎么放大图片，也不会出现点阵，缺点是色彩和层次都不够逼真。

右图的左边人物是一张矢量图，右边人物是位图。仔细看一下，区别还是很明显的。

# 6.编个小翻译员

Scratch3.0 较之以往的版本，增加了翻译功能。（如右图所示）

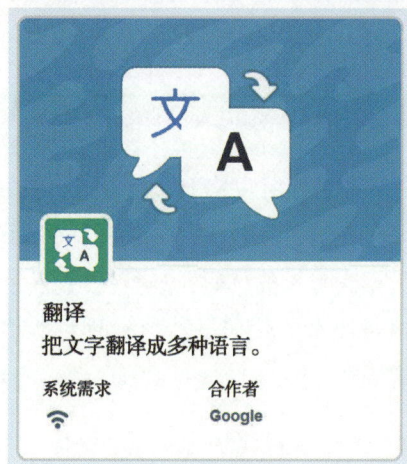

翻译
把文字翻译成多种语言。

系统需求　合作者
🛜　Google

不要只是玩手机，去编写它的代码。

——美国前总统巴拉克·奥巴马

　　我们可以使用简单的代码，实现翻译功能。（如右图所示）

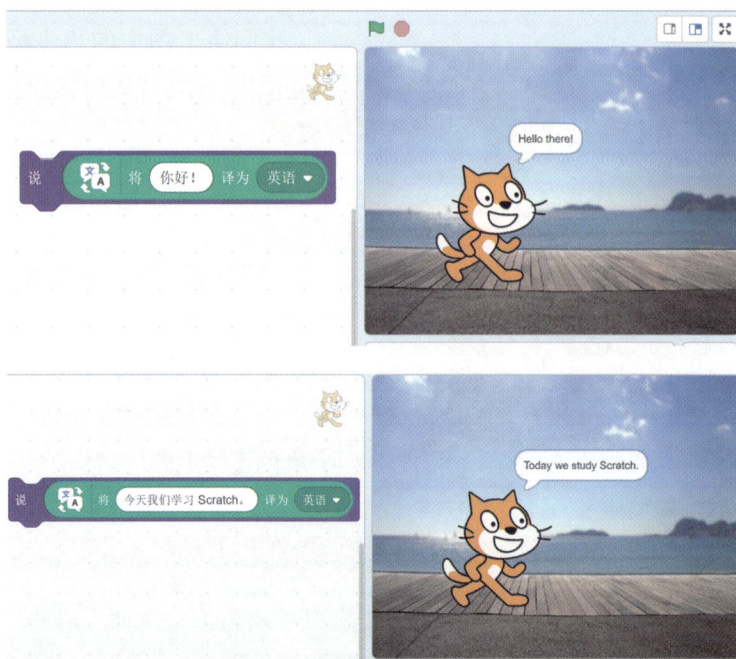

　　我们在翻译代码里面输入"你好"，然后用鼠标点击这个代码条，舞台上的小猫就会用英文说出"Hello there!"。不仅仅是单词，语句它也能翻译。（如右图所示）

　　Scratch 的翻译功能还是很强大的，它不仅仅能将汉语翻译成英语，还可以将汉语翻译成法语、德语、俄语、日语等 50 多种语言。要实现这项功能，前提是电脑要与互联网连接，以获得云计算支持。

　　有人以为我们这次使用了一条代码，实际上，我们是使用了两条，只不过它们相互嵌套在了一起。（如右图所示）

　　嵌套这种编程手段在各种编程语言中都广泛使用，我们一定要熟练掌握。

## 小贴士

### 嵌套

　　编程过程中，可在一条代码上嵌套上一条甚至几条代码，在第一条代码尚未执行完毕的情况下，开始执行嵌套上的代码，执行完嵌套代码以后，继续执行原来的代码。这个过程称为嵌套，如同俄罗斯套娃一样。

## 7. 把外语读出声音来

Scratch3.0 有一个新功能，就是文字朗读。（如右图所示）

遗憾的是，它只能朗读 14 种语言，而且这 14 种语言里面没有中文。我们可以使用前面学过的程序模块，把中文翻译成英文，然后读出来。其代码是：

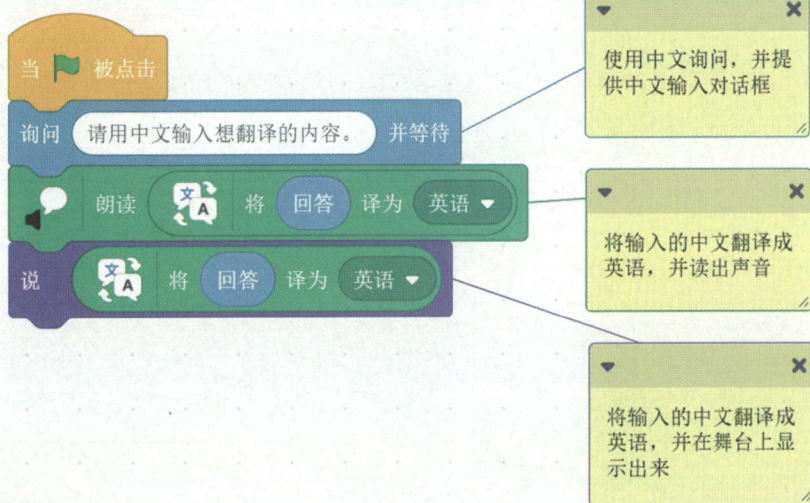

文字朗读
让你的项目开口说话

系统需求 合作者
Amazon web services

当 ▶ 被点击

询问 请用中文输入想翻译的内容。 并等待

> 使用中文询问，并提供中文输入对话框

朗读 [文A] 将 回答 译为 英语 ▼

> 将输入的中文翻译成英语，并读出声音

说 [文A] 将 回答 译为 英语 ▼

> 将输入的中文翻译成英语，并在舞台上显示出来

完成代码编辑后，点击小绿旗，舞台效果如下：

在下面对话框内输入需要翻译的内容，即可得到翻译出的文字和读音。例如，我们输入"我想学习 Scratch。"，翻译的结果如下：

> 请用中文输入想翻译的内容。

> I want to learn Scratch.

如此一个小小的编程模块，就有如此强大的功能，是不是很酷啊？

知道基本的编程技术，会为你将来进行选择以及施展抱负起到至关重要的作用。

——［美］马克·扎克伯格

# 第四章
# 编一段音乐舞蹈

熊哥代码

**以**前我们在电脑上听音乐，都是别人制作的。现在有了 Scratch，我们能不能用编程的方法自己编出歌曲呢?答案是肯定的。现在我们就从头开始编一个完整的程序。

## 1. 看看简谱有什么规律

从贝多芬《欢乐颂》的简谱（见右图）中可以发现，一首曲子是由一个个音符组成的，每个音符包含两个元素——音高和音长。只要确定每个音符的音高和音长，就能组成一首曲子。

*1=1*　　*4/4*　　　　　　　**欢乐颂**

```
F              C7          Dm        F        6   F
3 3 4 5 | 0 5 5 4 3 2 | 1 1 2 3 | 0 3 3 2 2 - | 3 3 4 5 |

C7             Dm        C      F C  F C   F
0 5 5 4 3 2 | 1 1 2 3 | 0 2 2 1 1 - | 2 2 3 1 | 2 3 4 3 1 |

C    F  C   F        F              C          Dm
2 3 4 3 2 | 1 2 5 - | 3 3 4 5 | 0 5 5 4 3 2 | 1 1 2 3 |

C    F
0 2 2 1 1 - ‖
```

## 2. 简谱变代码

现在让我们用代码代替简谱，编出一段《欢乐颂》。（如下图所示）

我们如想将演奏速度设定为每分钟 120 拍，并使用柔美的木长笛演奏，就可以在前面接上如下代码。

```
演奏音符 64 1 拍
演奏音符 64 1 拍
演奏音符 65 1 拍
演奏音符 67 1 拍
休止 0.5 拍
演奏音符 67 0.5 拍
演奏音符 67 0.5 拍
演奏音符 65 0.5 拍
演奏音符 64 1 拍
演奏音符 62 1 拍
```

```
演奏音符 60 1 拍
演奏音符 60 1 拍
演奏音符 62 1 拍
演奏音符 64 1 拍
休止 0.5 拍
演奏音符 64 0.5 拍
演奏音符 64 0.5 拍
演奏音符 62 0.5 拍
演奏音符 62 2 拍
```

```
当 ▶ 被点击
将乐器设为 (13)木长笛 ▼
将演奏速度设定为 120
演奏音符 64 1 拍
演奏音符 64 1 拍
演奏音符 65 1 拍
```

音乐代码有许多条，我们可以把简谱的内容用"演奏音符"和"休止符"一一对应地编起来。

确定节奏的代码是"将演奏速度设定为（ ）"，需要填写的数据是每分钟的节拍数。

"将乐器设为（ ）"的代码中有 21 种乐器可以选择，"击打（ ）"的代码中有 18 种选择，音色足够丰富。

## 3. 配合击打乐器

如果想给曲调加上打击乐的节拍，我们就可以添加下面的代码：

这里我们使用了一个重复执行的代码，重复的次数是 16，因为《欢乐颂》共有 16 个小节。使用重复执行代码，可以减少大量简单重复的代码，有效减少编写代码的工作量。

**小贴士**

**重复执行代码**

重复执行在编程中也被称为循环语句。在 Scratch 中有三种重复执行代码：

第一种是有限重复次数，可根据需要设定重复执行的次数。

第二种是无限次的重复执行，直到脚本停止。这种代码后面是不可以接其他代码的。

第三种是一直重复执行，直到某个事件的出现才结束。

这些代码都会在编程中广泛应用，小朋友们一定要牢牢记住哦！

---

每个人都应该学习编程，因为它教你如何思考。

——苹果公司创始人史蒂夫·乔布斯

## 4. 为音乐配一个 跳舞的角色

我们在角色库里选一个 Champ99 的角色。（如右图所示）

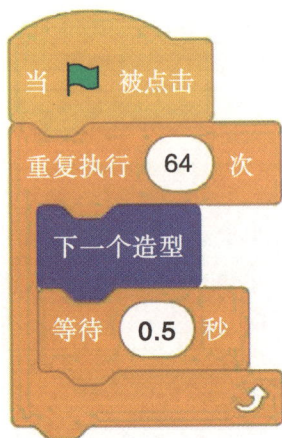

这个角色有 7 个造型，为了配合每小节 4 拍的需要，我们把最后一个造型复制一下，这样就有了 8 个造型。《欢乐颂》有 16 个小节，每小节 4 拍，整个曲子是 64 拍，我们就让 Champ99 变换 64 次造型。因为是每分钟 120 拍，所以每拍应该是 0.5 秒。由此我们给角色编出代码。（如左图所示）

本段代码所表达的含义是：当小绿旗被点击时，Champ99 就开始变换造型，每等待 0.5 秒就开始变成下一个造型，如此重复执行 64 次。在这里我们恰好使用了一个刚刚学到的重复执行代码。

## 5. 为舞者配一个 舞台

在舞台区 Scratch 素材库里选一个背景 spotlight。（如右图所示）

编程已成为一项基本技能，每个人都应该学会。

——[美]马克·扎克伯格

　　与舞台相比，角色明显太大，此时我们可以在舞台下方的角色属性里，将角色的大小进行调整，将原来大小的数值 100 改成 60。（如下图所示）

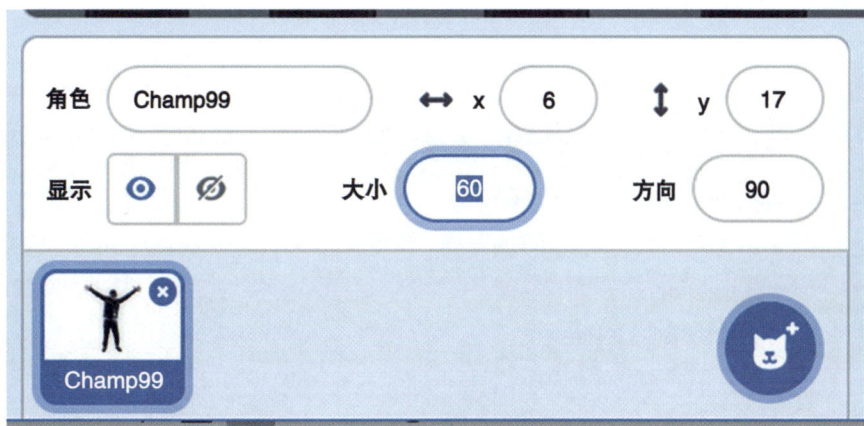

　　此时的比例看起来就比较合适了。（如下图所示）

　　这时，我们再点击小绿旗，一场精彩的音乐舞蹈就开始了，看起来是不是很酷呢？

**不要只是玩手机，去编写它的代码。**

——美国前总统巴拉克·奥巴马

# 第五章
# 编个鲨鱼吃小鱼
# 的舞台剧

使用 Scratch 编舞台剧是件非常有趣的事。首先是其难度不高，小朋友们完全能够发挥自己的想象力，编出生动有趣的舞台剧；其次是小朋友们学习的很多课文适合编成舞台剧，编舞台剧可以帮助小朋友们理解课文知识。

## 1. 设计海底世界背景

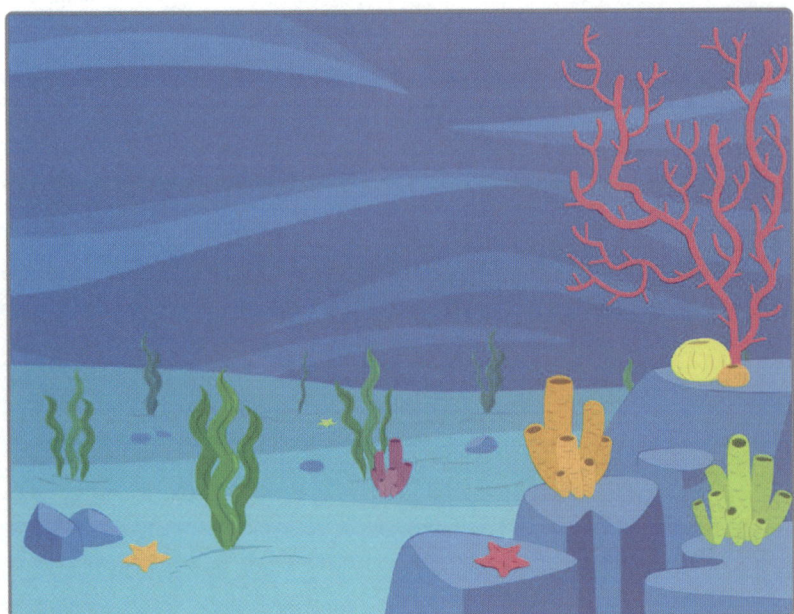

原有的角色小猫不适合在海底世界里，需要在角色列表区里删除。

选择了海底世界后，可以配上背景音，可在 Scratch 声音素材库里选择 Ocean Wave（海浪声）。

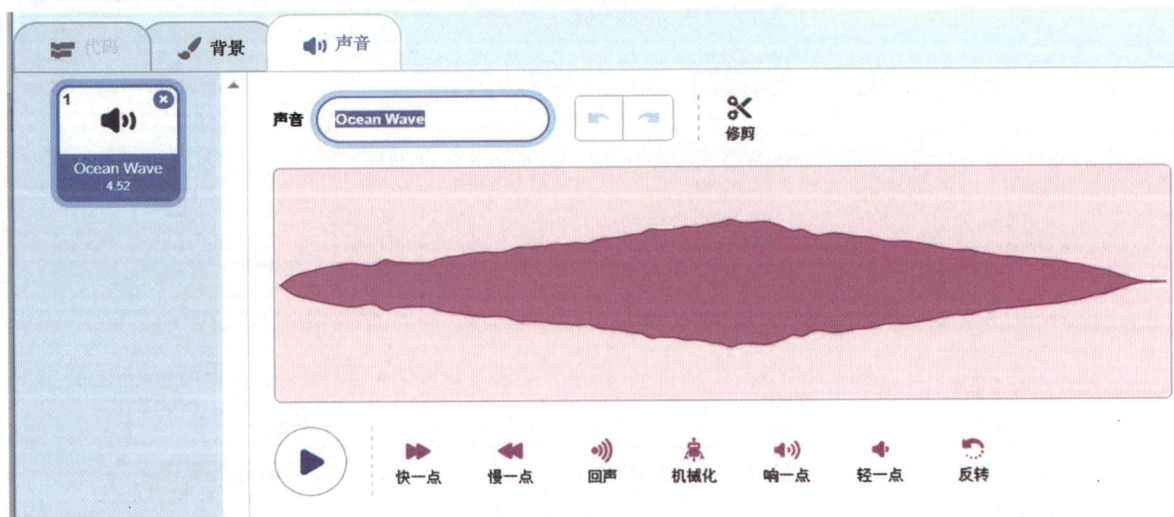

为背景编制代码。这组代码的内容很明确，就是一直重复播放海浪声。在这里我们要注意，一定要使用"播放声音（　）等待播完"的代码，而不是"播放声音（　）"的代码，这两条代码表述的内容并不相同。

当 🚩 被点击

重复执行

播放声音 Ocean Wave ▼ 等待播完

**小贴士**
**等待播完和不等待的区别**

　　Scratch的代码里面有"播放声音（　）等待播完"和"播放声音（　）"的代码，这两条代码有什么区别呢？如果使用"播放声音（　）等待播完"代码，程序会在声音文件播放完毕后再去执行下面的程序，不管这段声音文件有多长；而"播放声音（　）"的代码则是让电脑在开始执行播放声音文件后，不管声音文件是否播完，就开始执行下面的代码。这两种方式对编程来说各有各的用途，不可相互替代，都十分重要。

播放声音 Ocean Wave ▼ 等待播完

▼ ✖
等等我啊，等我唱完再说别的。

播放声音 Ocean Wave ▼

▼ ✖
别等我了，你们该干啥就干啥。

知道基本的编程技术，会为你将来进行选择以及施展抱负起到至关重要的作用。

——［美］马克·扎克伯格

## 2.让演员登场

　　在 Scratch 素材库中选择鲨鱼和小鱼，并调整到合适大小。（如右图所示）

## 3.让演员动起来

　　分别为鲨鱼和小鱼添加运动代码。（如右图所示）

　　我们给予这两个角色同一种代码，内容是：每移动 30 步，就右转 5 度，在运动的过程中遇到边缘就反弹，每做完一个过程，等待 0.1 秒后，就不断地重复这个过程。这些代码中使用的数据，都是在调试中不断修改得出来的。

当 ▶ 被点击
重复执行
移动 30 步
右转 ↻ 5 度
碰到边缘就反弹
等待 0.1 秒

### 小贴士

**调整代码**

　　调整代码包括调整代码本身和调整代码参数，调整的目的是使程序的运行更完美。没有人一出手就编得很完美，总要有个观察、调整、再观察、再调整的过程。在职业编程中，有人专门负责调试代码，就像老师给学生修改作文一样，目的是让作文更完美。

## 4.让演员说话

　　让演员说话有两种表现方式，一种是文字，另一种是声音，我们都来试一试。

　　先使用文字的方式，给小鱼添加代码。（如左图所示）

当 ▶ 被点击
等待 5 秒
说 你是谁? 3 秒

小鱼在水里游动了一会儿，发现了大鲨鱼，就开始了询问。(如下图所示)

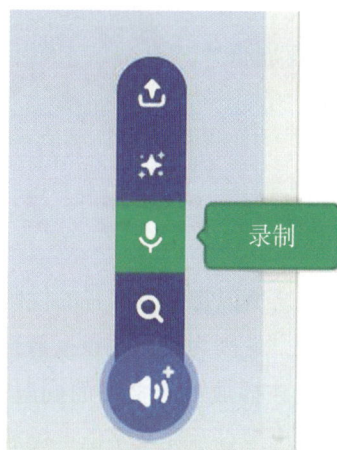

为了表现得更真实，我们可以给小鱼配上声音。

先选定小鱼，点击 Scratch 左上方的声音标签，然后在左下方添加声音的按钮上选择录制。(如右图所示)

选定后，使用电脑的麦克风录制演员的台词并保存。

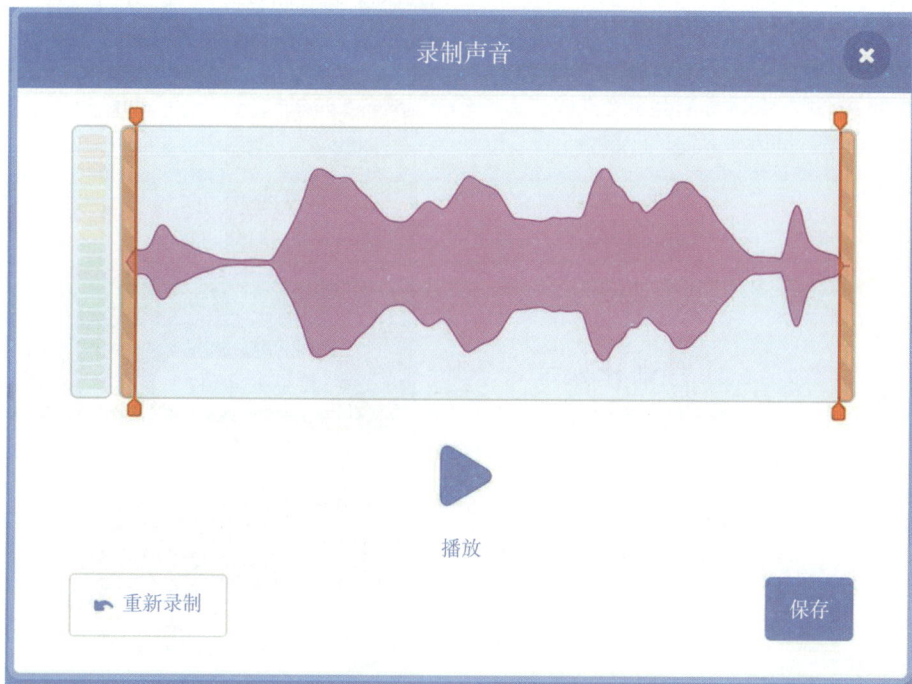

建议以录制的台词为声音文件名，以便于编制软件时准确调用。在左上方的窗口里填写声音文件名，使用播放代码时就可调用这个声音文件。（如下图所示）

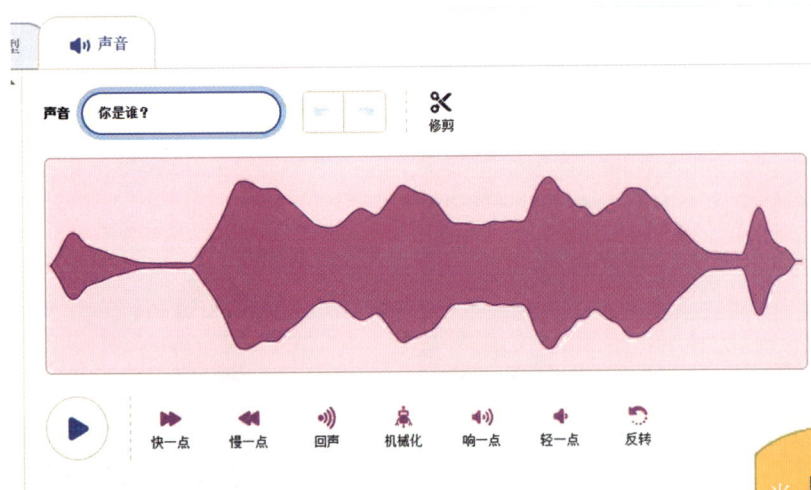

之所以把播放声音的代码放在"说（你是谁?）（3）秒"前面，是因为使用这条播放声音的代码时，不会在此等待，可以在播放声音文件的同时，显示文字框。如果反过来，就会出现显示完文字框再播放录音的不协调现象。

由于以上这段代码耗时 8 秒钟，所以我们安排大鲨鱼的说话时间在 8 秒以后。首先按照小鱼的编程方法，给大鲨鱼录制声音文件"我是大鲨鱼!"，然后编写代码。（如右图所示）

仔细计算每句话所用的时间，设计好播放每句话的时间点，再配上相应的代码。（如右图所示）

小鱼的代码为：

```
当 🏴 被点击
等待 5 秒
播放声音 你是谁？ ▼
说 你是谁？ 3 秒
等待 7 秒
播放声音 你想干啥？ ▼
说 你想干啥？ 3 秒
等待 7 秒
播放声音 想得美 ▼
说 哼，想得美！ 3 秒
```

```
播放声音 想得美 ▼
说 哼，想得美！ 3 秒
等待 2 秒
停止 全部脚本 ▼
```

## 5. 更加完美一点

鲨鱼的造型有三个，我们可以使用其中的两个，让鲨鱼在游泳中形体有所变化。为此我们可以添加如下代码：

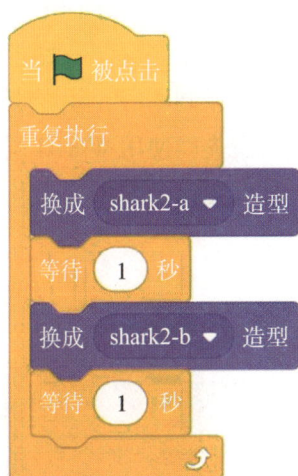

```
当 🏴 被点击
重复执行
  换成 shark2-a ▼ 造型
  等待 1 秒
  换成 shark2-b ▼ 造型
  等待 1 秒
```

有了这组代码，大鲨鱼在游动中就可以表现出张嘴的动作了。

另外，小鱼说完最后一句，我们的舞台剧就该结束了，可是鱼一直在游动，海浪声也一直在播放，怎样才能让它们结束呢？这就需要使用一个新的代码来结束我们的舞台剧。

我们在小鱼说话这组代码后面加上"等待（2）秒"和"停止（全部脚本）"这两条代码（如左图所示），舞台剧就可以及时结束了。

## 6.分享编好的舞台剧

舞台剧编好了，发个朋友圈，让其他小朋友看看吧！

要想发朋友圈，首先要将舞台剧的播放过程变成微信上可以使用的录像文件。这里介绍一种使用 Win10 操作系统录制电脑屏幕的方法：

首先，使用 Win+G 调出屏幕录制功能。Win 键如右图所示：

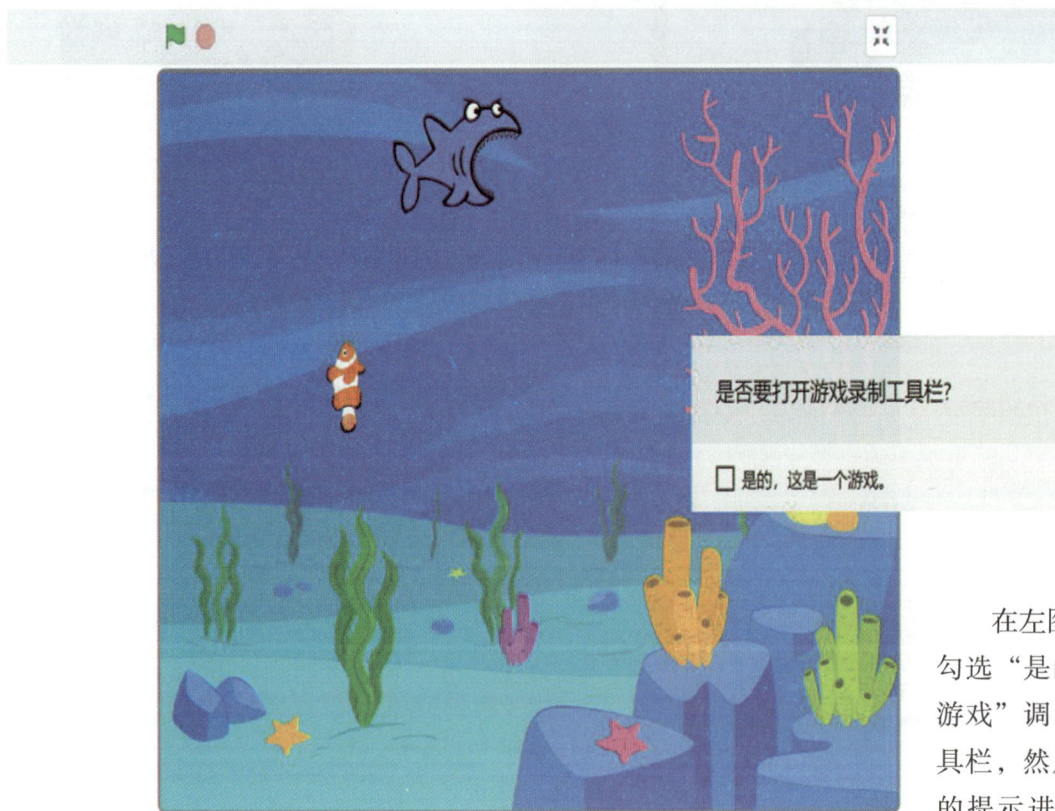

是否要打开游戏录制工具栏？

☐ 是的，这是一个游戏。

在左图这种状态下，勾选"是的，这是一个游戏"调出游戏录制工具栏，然后根据工具栏的提示进行屏幕录像。录完以后，可以在本电脑的视频文件夹里找到 MP4 格式的录像文件。

编程可以帮助你更好地思考，创建一种在各个领域都非常有用的思维方式。

——［美］比尔·盖茨

　　需要注意的是，超过 20M 的视频文件是无法上传至微信的。如果电脑屏幕设置的分辨率越高，屏幕录像的文件相应地就越大。调整屏幕的分辨率是调整文件大小最方便的方法。调整方法如下图所示：

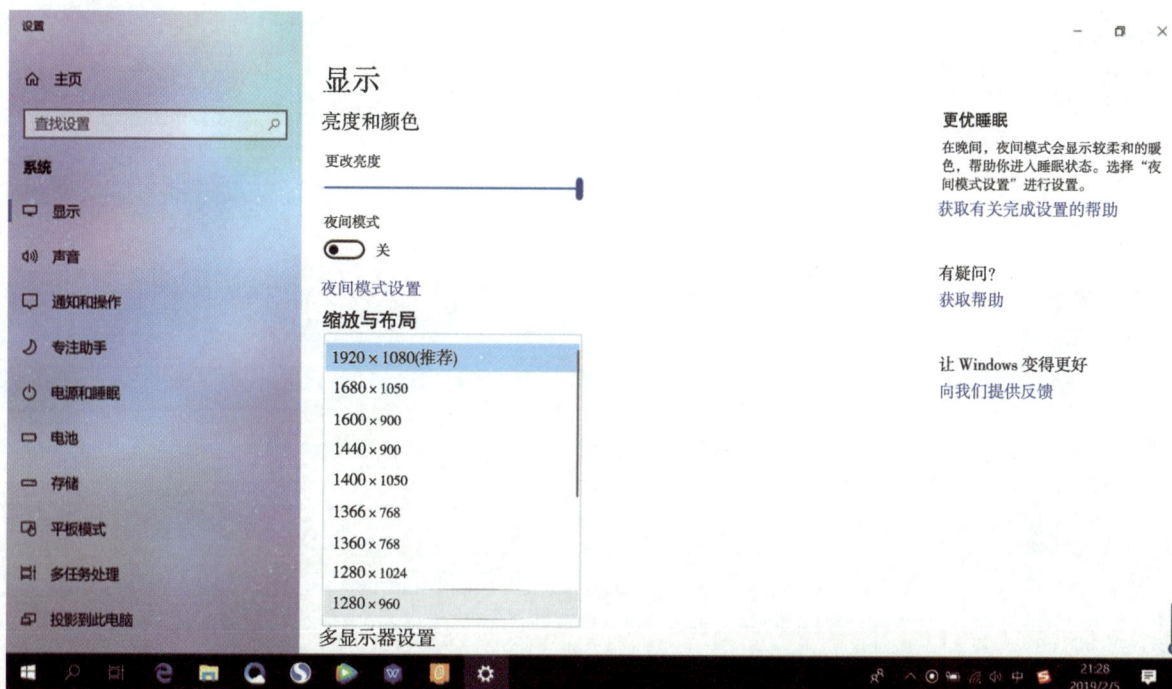

　　有的小朋友觉得这种方法太麻烦，觉得不如直接用手机拍电脑屏幕，然后发朋友圈。如果对图像的质量要求不高，这种方法也是可行的。

知道基本的编程技术，会为你将来进行选择以及施展抱负起到至关重要的作用。

——［美］马克·扎克伯格

# 第六章
# 做个日历和
# 电子表

熊哥代码

自己动手做个日历和电子表是很有意义的！你不但可以做出一个个性十足的日历牌，还可以学习编程中的变量知识和判断语句。

## 1. 制作一个日历钟表背景

在 Scratch 自带的素材库里面，选择背景 Blue Sky，并用如下格式写上文字：

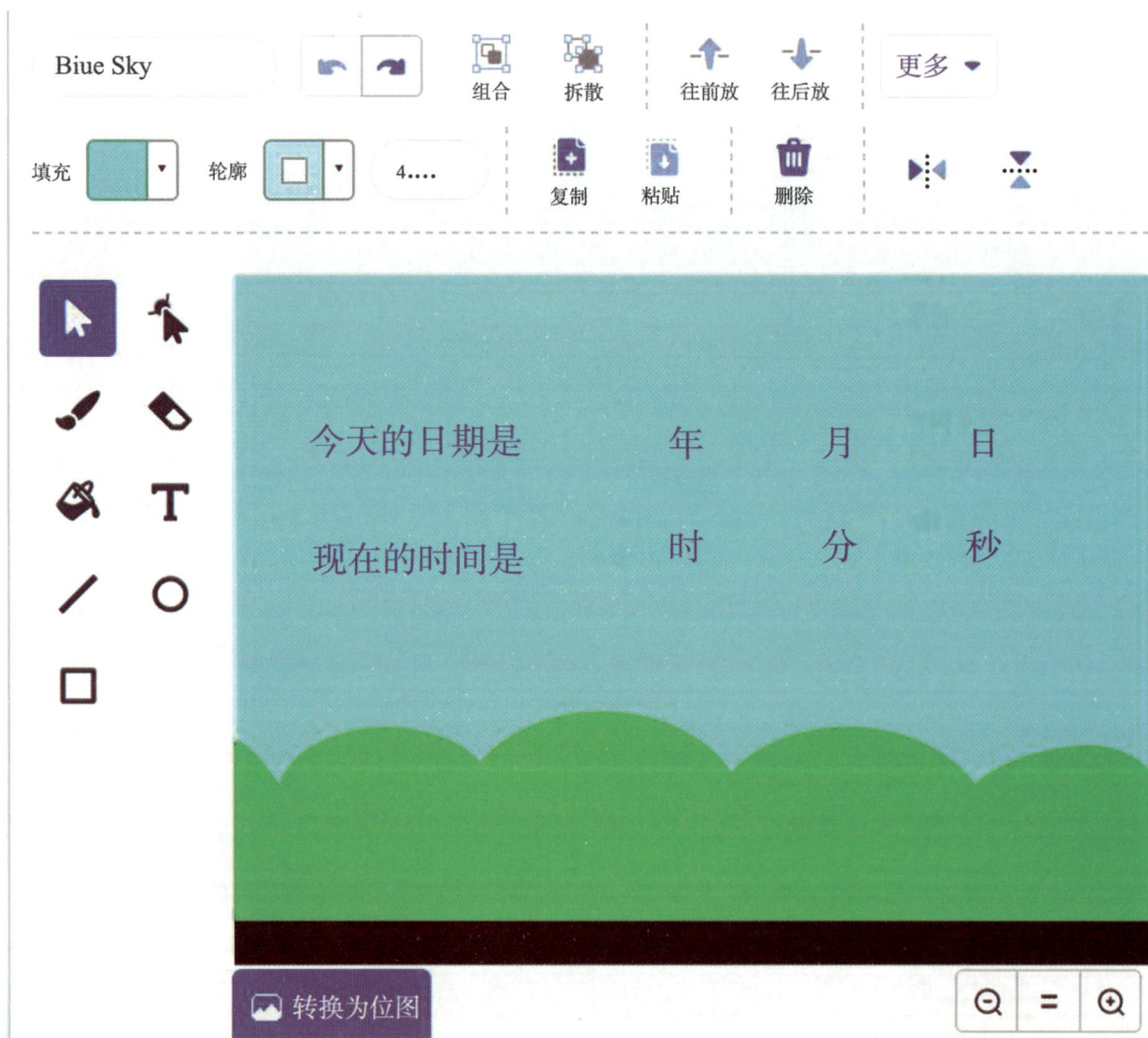

## 2. 添加变量

在变量代码组里，点击"建立一个变量"。（如下图所示）

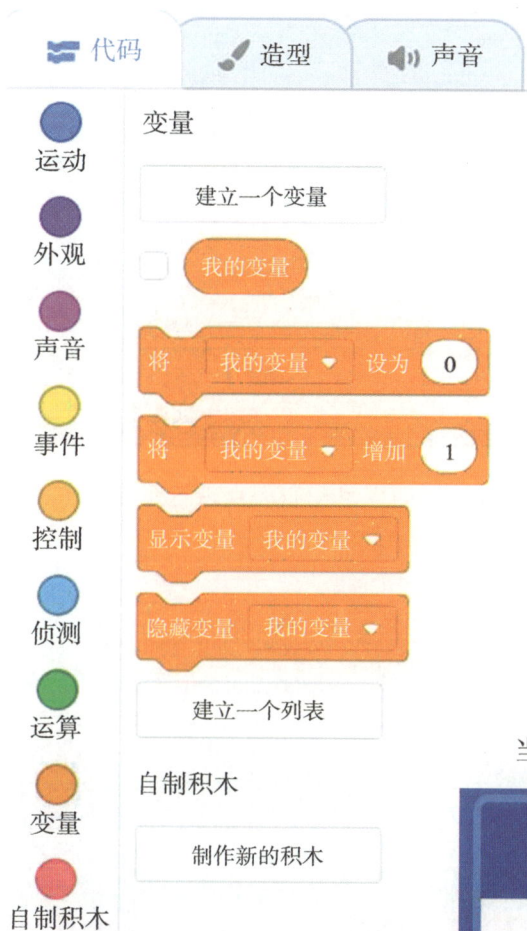

| 代码 | 造型 | 声音 |
|---|---|---|

运动

变量

外观

建立一个变量

声音

我的变量

事件

将　我的变量 ▼　设为　0

控制

将　我的变量 ▼　增加　1

侦测

显示变量　我的变量 ▼

运算

隐藏变量　我的变量 ▼

变量

建立一个列表

自制积木

自制积木

制作新的积木

当出现如下界面时，填入"年"并确定。

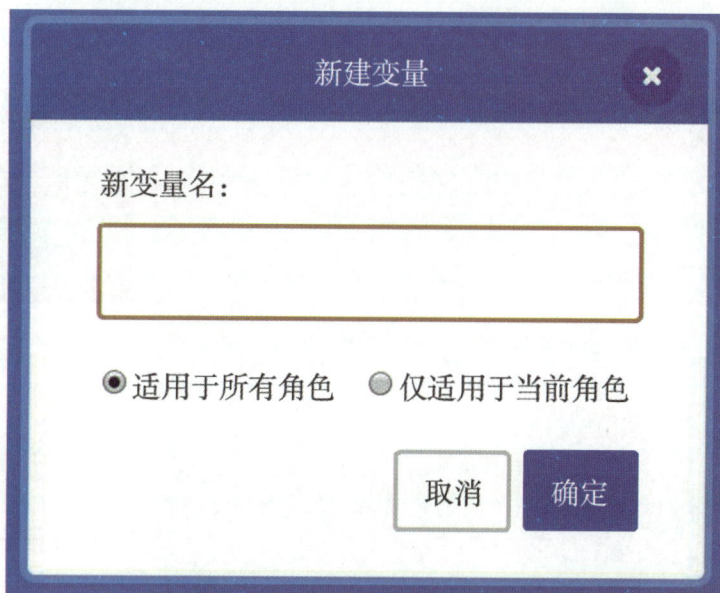

### 新建变量　✕

新变量名：

◉ 适用于所有角色　　◯ 仅适用于当前角色

取消　　确定

每个人都应该学习编程，因为它教你如何思考。

——苹果公司创始人史蒂夫·乔布斯

于是，在代码组里出现了一个新变量"年"：

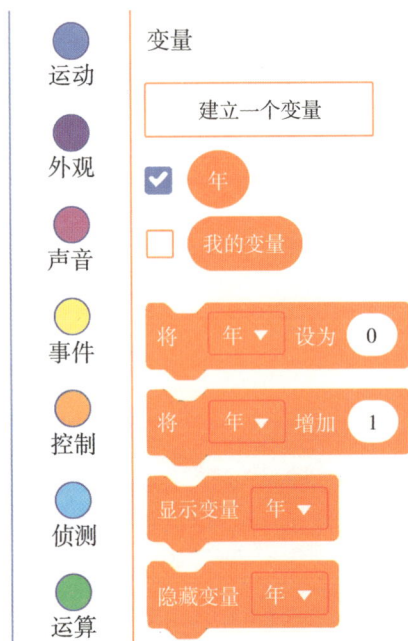

同时，在舞台的左上方出现了变量显示单元：

此时，我们用鼠标右键点击这个显示单元，会出现一个选项菜单：

我们选择"大字显示"，显示单元就变大了，并且不再显示"年"字。此时，我们将它拖到背景中"年"字前面。（如左图所示）

**小贴士**

**变量**

变量是一个可以根据需要随时改变的数值,它是相对于不变的常量来说的。比如你的生日从生下来那天就确定了,它就是一个常量;而每天的日期都在更新,它就是一个变量。

在计算机编程里面,变量更像是一个装数字的容器把需要变化的数字装在里面。

## 3.给变量添加数据

今年是 2019 年,可是"年"变量的数据仍然是"0",怎样让它显示"2019"呢?我们首先在变量代码组里选择如下代码并拖入脚本区:

将 年▼ 设为 0

然后,在侦测代码组里选择如下代码并拖入脚本区:

当前时间的 年▼

然后,将两条代码嵌套在一起:

将 年▼ 设为 当前时间的 年▼

**不要只是玩手机,去编写它的代码。**

——美国前总统巴拉克·奥巴马

此时，我们点击这条代码，舞台区"年"的显示单元立刻就变成"2019"了。

按照变量"年"的方法，我们可以继续做出变量"月""日""时""分""秒"；然后，我们将这些代码放在一起，用重复执行代码包括起来，再加上启动代码。（如右图所示）

这时我们设计的日历钟表就开始工作了。（如下图所示）

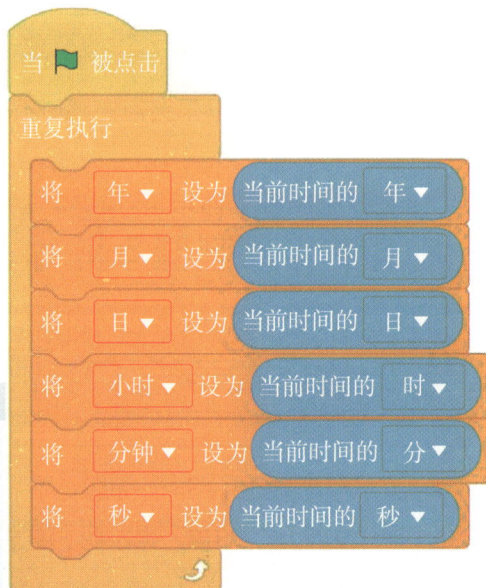

有的小朋友会觉得还不够好，因为没有星期几，不知道星期几，就不知道当天该上什么课。

他们就按照刚才学到的方法，建立了一个"星期"的变量，放在了日期的后面。（如右图所示）

发现了一个问题：明明是星期三，它却显示星期"4"，比实际快了一天。这是为什么呢？

其实，我们只要找一张英文日历卡（如右图所示），就会发现其中的秘密。

原来，英国人把星期天排在了每周的第一天，和我们的习惯不一样。这可怎么办呢？为了解决这个问题，我们就要学习新知识了。

**January**
Change your way to work.

| S | M | T | W | T | F | S |
|---|---|---|---|---|---|---|
| 29 | 30 | 31 | 1 | 2 | 3 | 4 |
| 5 | 6 | 7 | 8 | 9 | 10 | 11 |
| 12 | 13 | 14 | 15 | 16 | 17 | 18 |
| 19 | 20 | 21 | 22 | 23 | 24 | 25 |
| 26 | 27 | 28 | 29 | 30 | 31 | 1 |
| 2 | 3 | 4 | 5 | 6 | 7 | 8 |

## 4. 使用判断代码

我们首先来看一个简单的判断代码（如上图所示）。

这个代码如果换成语文学科造句"如果……那么……"，就很容易理解了。

我们现在先试着造句："如果今天下雨，那么我出门一定带伞。""如果小明同学过生日，那么我一定送他一张生日贺卡。"

从例句上可以看出，当事情具备了某些条件，后面就会有一个相应的做法。实际上就是依据条件做判断，然后采取相应的做法。

现在我们把这个思路运用到日期编程上来：如果它显示"星期1"，那么我们就通过编程让它变成"星期天"；如果它显示"星期2"，那么我们就通过编程让它变成"星期一"；依次类推，直到显示"星期六"。下面我们就通过编程实现这个设想。

使用运算组代码：

嵌套上侦测组的代码，并将得数改为"1"：

然后将其嵌套在判断代码上，再在其中加上运算组的代码"将（星期）设为（ ）"，并将其中的数字改成星期日。（如右图所示）

这组代码的含义我们可以看懂了，就是如果当前的星期数为"1"，那么星期的显示单元就显示"星期日"。

如果今天不是"星期日"呢？那么我们就把星期一到星期天的日期全做出来。（如右图所示）

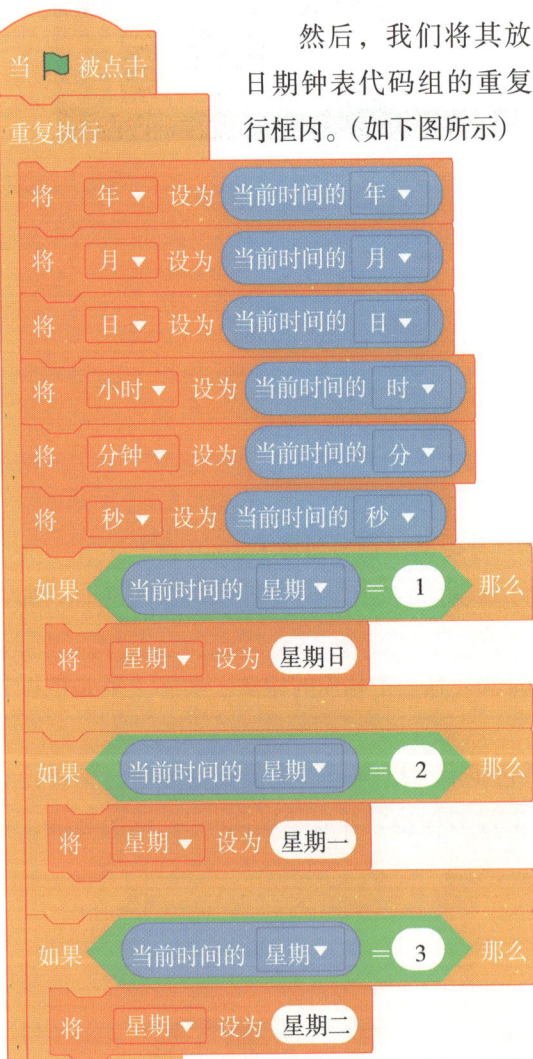

然后，我们将其放入日期钟表代码组的重复执行框内。（如下图所示）

此时，我们点击小绿旗，就得到一个正常运行的日期钟表了。

今天的日期是　2019　年　2　月　6　日　星期三

现在的时间是　12　时　41　分　23　秒

## 5. 让小猫秒动

日期钟表已经正常走动了，唯有小猫还是一动不动。我们给它编几个代码，让它跟着时间秒动起来吧。

查看一下小猫的造型，一共有两个，分别为造型 1 和造型 2。（如左下图所示）

利用两个造型的差异，制作一个秒动猫。（代码如下图所示）

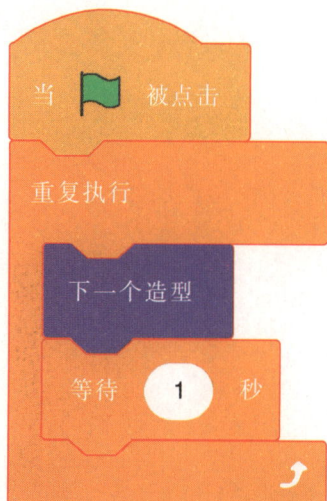

代码　　造型

1
造型1
96 × 101

2
造型2
93 × 106

当 🏳 被点击

重复执行

下一个造型

等待 1 秒

有了这组代码，小猫就会每秒变换一个造型，变成秒动猫了。

每个人都应该学习编程，因为它教你如何思考。

——苹果公司创始人史蒂夫·乔布斯

# 第七章
# 快乐的反弹球

熊哥代码

编写这款游戏，将使我们更为熟悉角色在舞台上的运动方向，为今后编写其他运动类游戏奠定基础。

## 1. 舞台上的运动方向

每个角色在舞台上的运动方向是怎么定义的呢？为了深入了解这个问题，可以点开小猫基本属性里的方向框，用鼠标转动方向箭头进行观察。

观察时要注意三个方面——箭头方向、小猫的方向及方向框里的数字之间的关系。经过转动，当箭头指向右方的水平方向时，小猫垂直站立，面部向右，方向框内显示 90 度。（如下图所示）

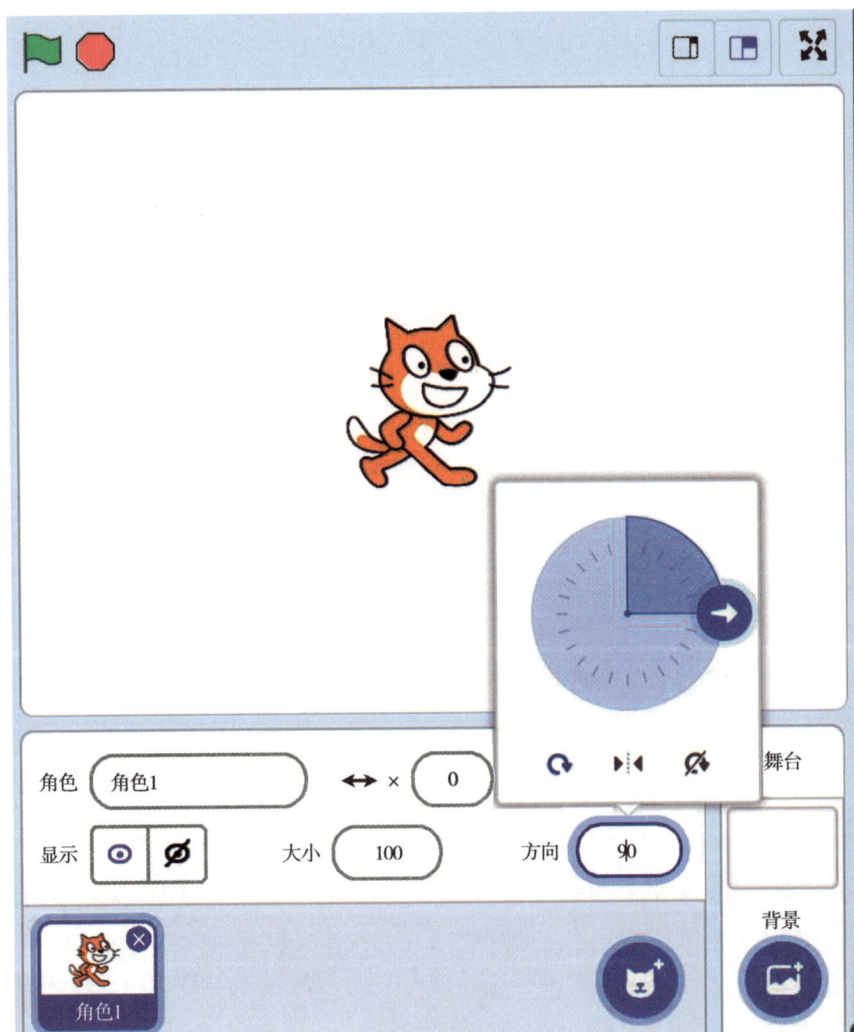

箭头向下时，小猫身体横着，面部朝下，方向框内显示 180 度。（如右图所示）

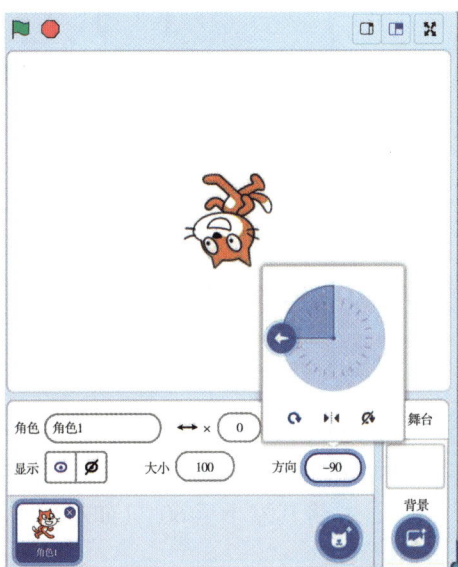

当箭头向左时，小猫头朝下，面向左，方向框内显示 –90 度。（如左图所示）

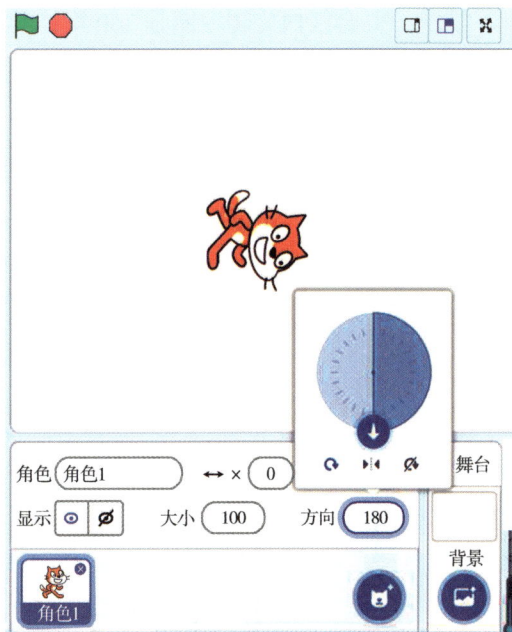

当箭头向上时，小猫横躺，面朝上，方向框内显示 0 度。（如左图所示）

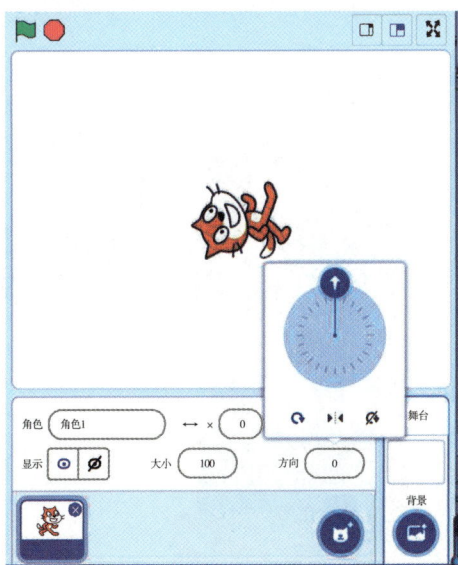

综上，舞台区内旋转一圈是 360 度，其中，顺时针由上到下转半圈，是 0 度到 180 度，逆时针从上到下转半圈，是 0 度到 −180 度。

我们看看右图中的钟表，现在时针指向多少度呢？

是 60 度。如果时针指向 9 呢？是 −90 度。剩下的数字应该是多少度？大家仔细观察一下吧！

有了这些知识，我们就可以做快乐的反弹球游戏了。

## 2. 做一个弹跳球

因为整个游戏中不需要小猫，所以我们先把小猫从角色列表区删除，然后从角色素材库里选择 Beachball（沙滩排球），并将其缩小至 60。（如左图所示）

为 Beachball 添加如下代码：

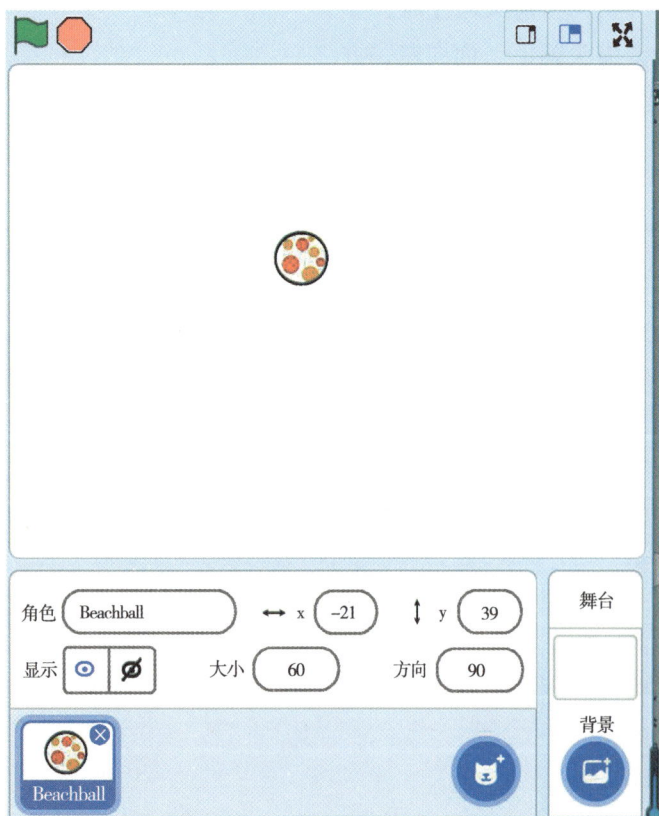

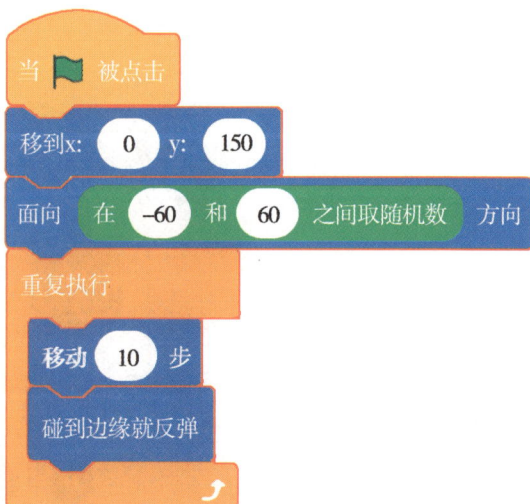

以上代码的含义是：游戏开始时，将球移动到 X 为 0、Y 为 150 的坐标上，这是一个中间正上方的位置，也是球移动的起始点；运动方向是在钟表的十点到两点之间任意一个朝上的方向上；运动是无休止的重复，遇到边缘就反弹。

此时，我们只要点击小绿旗，Beachball 就会不停地动下去。但这不是我们的目的，我们的目的是要做一个小朋友可以参与的互动游戏。

## 3. 添加一个滑板

滑板是一个供小朋友操纵的设备，它的作用是将即将落地的球重新弹起来。它的运动方式有一定的限制，只能水平移动，不能垂直移动。

首先我们在角色素材库里选择角色 Paddle（滑板），并适当缩小到 60。（如右图所示）

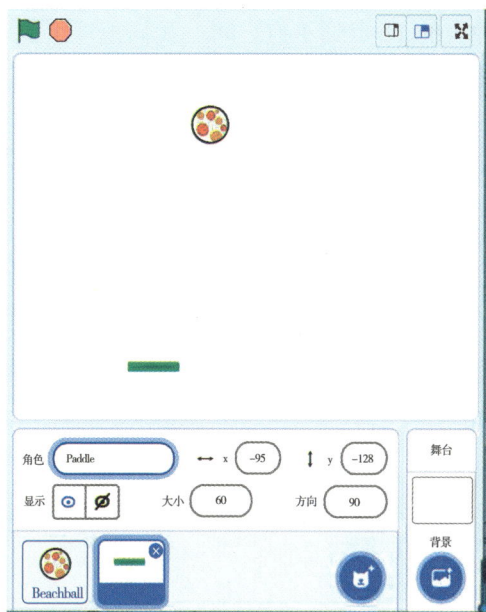

然后给它添加以下代码：

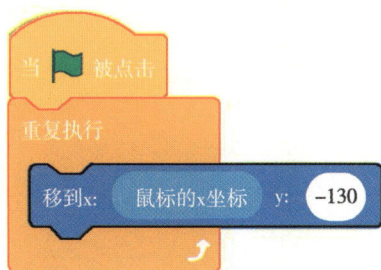

这组代码的含义是：

滑板可以跟随鼠标水平移动（X 的坐标是随鼠标的水平位置变化的），垂直方向不可移动（Y 的坐标被固定在 −130 处）。

现在点击小绿旗，滑板和沙滩球都可以移动了，但是它们现在是各自运动，互相不干预。怎样才能让它们互动呢？

## 4. 让滑板弹起沙滩球

我们希望沙滩球碰到滑板就弹起来，而弹起来的实质是改变运动方向。根据这个思路，我们给沙滩球添加右图所示代码。

这组代码的含义是：如果沙滩球碰到滑板，其运动的方向就改为 –30 度到 30 度之间的任意方向。这个角度相当于钟表的 11 点到 1 点之间。我们把这组代码嵌入之前的代码组里面。（如右图所示）

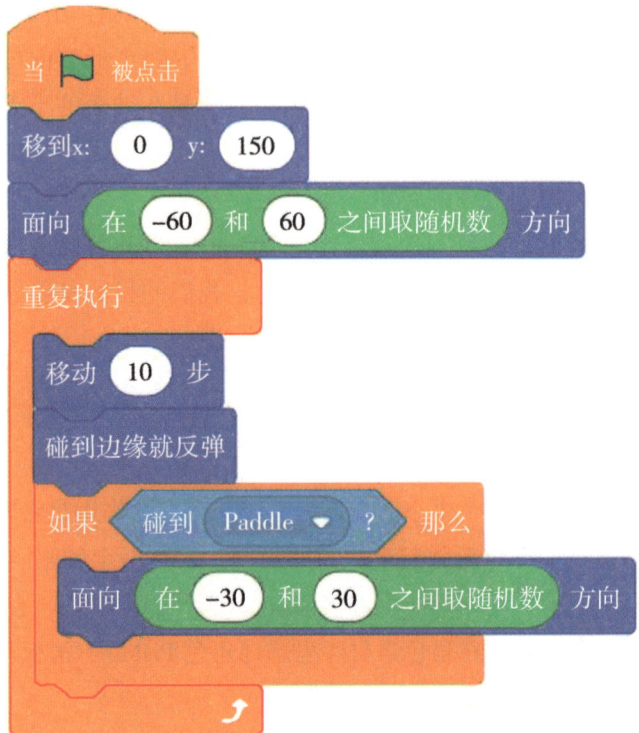

此时，点击小绿旗，滑板可以让沙滩球反弹了。这还不是游戏，因为没有游戏规则，所以我们接下来要制定一个规则。

## 5. 不能让球落地

为了不让球落地，要添加一个有地面的背景。在 Scratch 自带的背景素材库里选择 Blue Sky（蓝天）。（如右图所示）

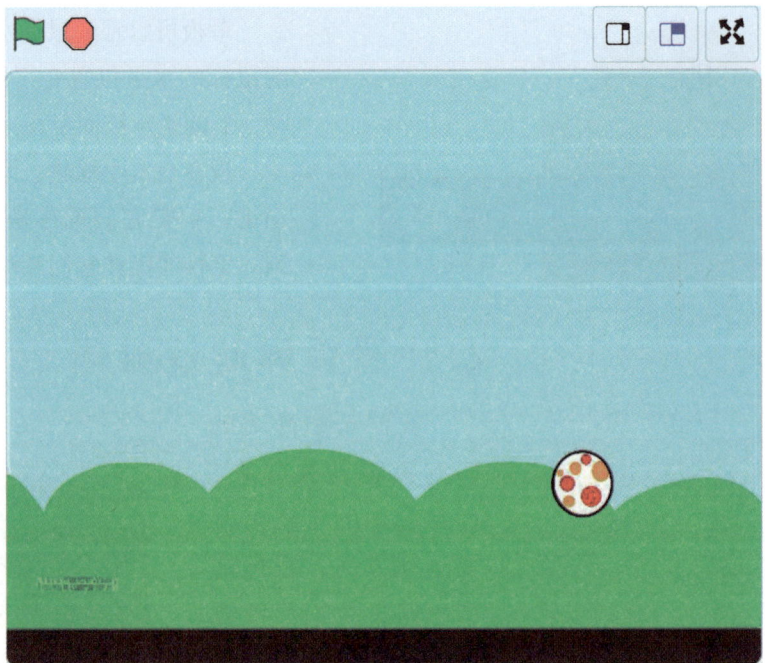

　　然后给沙滩球添加代码。（如右图
所示）

　　这组代码的含义是：如果沙滩球碰到某个颜色，游戏就结束了。
让它碰到什么颜色呢？我们选择背景里面的地面颜色。选择的方法是
点击代码"碰到颜色"中的色块，色块会弹出三个调色滑动钮，其下
方还有一个颜色吸管，点击吸管后会弹出一个放大镜，我们用放大镜
去点击背景中的地面颜色，颜色就被准确地选定了。（如下图所示）

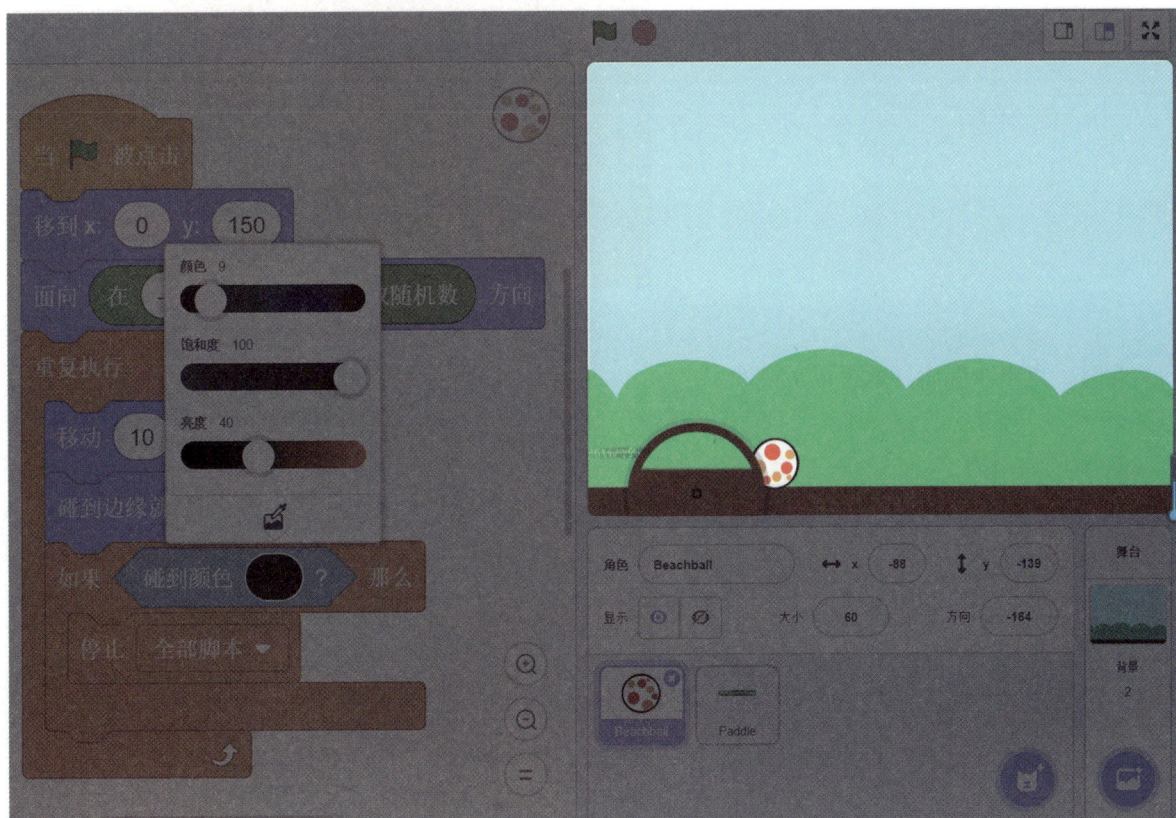

我们把这组代码嵌入原有的代码组里。（如右图所示）

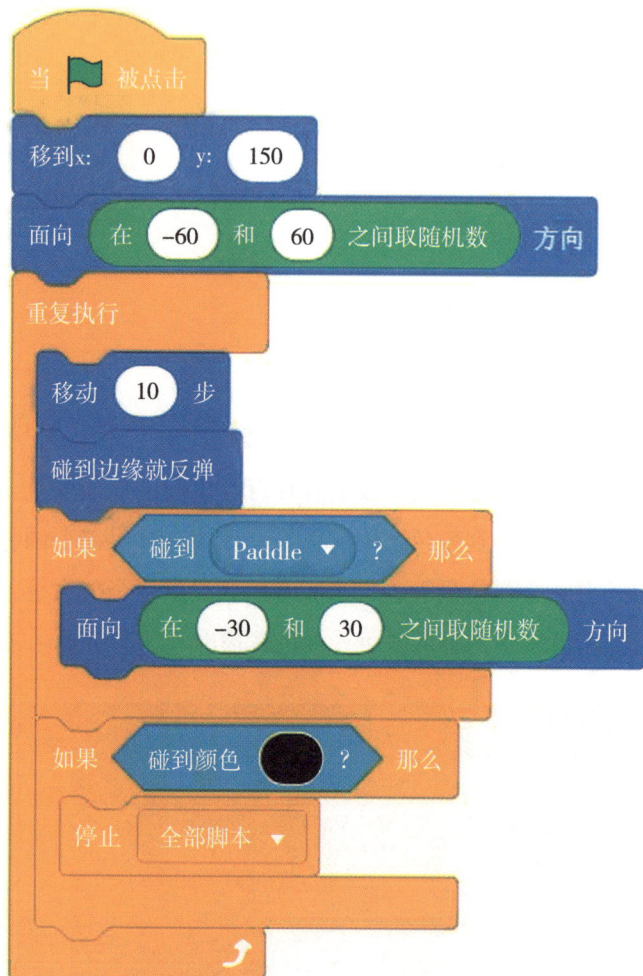

当 🚩 被点击

移到x: 0 y: 150

面向 在 -60 和 60 之间取随机数 方向

重复执行

移动 10 步

碰到边缘就反弹

如果 碰到 Paddle ▼ ? 那么

面向 在 -30 和 30 之间取随机数 方向

如果 碰到颜色 ⬤ ? 那么

停止 全部脚本 ▼

此时，点击小绿旗，就可以玩游戏了。

## 6. 添加音效

首先添加背景音乐。选中背景，点击声音，在 Scratch 音乐素材库里找到 Chill，给出右图代码。

当 🚩 被点击

重复执行

播放声音 Chill ▼ 等待播完

编程已成为一项基本技能，每个人都应该学会。

——［美］马克·扎克伯格

然后给沙滩球添加效果音。
（如右图所示）

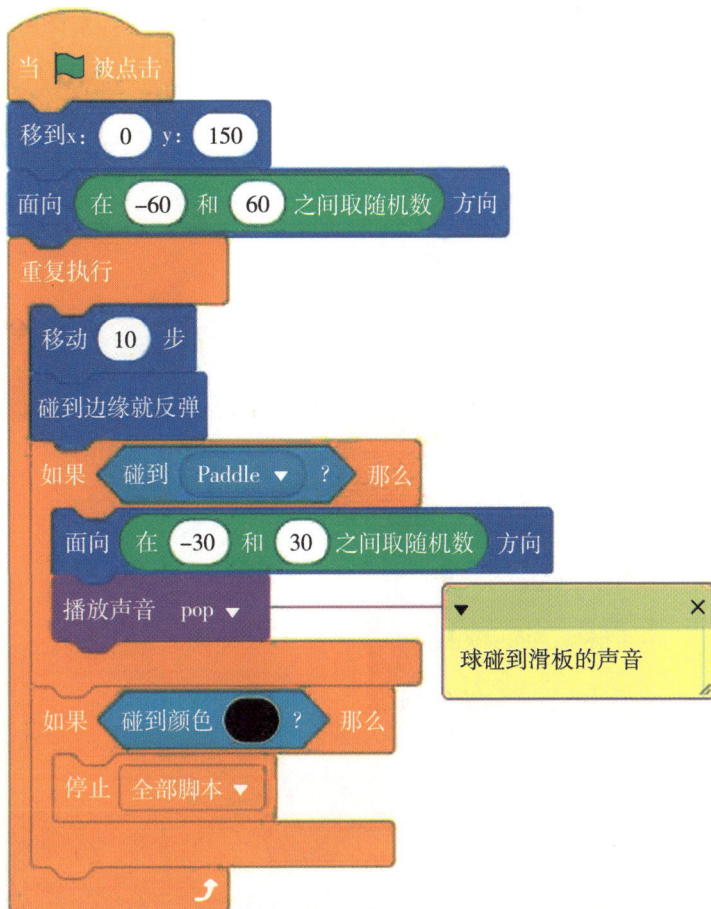

当 🏳 被点击

移到x: 0 y: 150

面向 在 -60 和 60 之间取随机数 方向

重复执行

移动 10 步

碰到边缘就反弹

如果 碰到 Paddle ▼ ? 那么

面向 在 -30 和 30 之间取随机数 方向

播放声音 pop ▼

▼                    ×

球碰到滑板的声音

如果 碰到颜色 ⬤ ? 那么

停止 全部脚本 ▼

## 7. 加个计数器

如果这个游戏有个计数器，计算沙滩球被弹起的次数，就可以增加娱乐性。计数器怎么加呢？首先要新建一个变量，命名为弹球次数。（如右图所示）

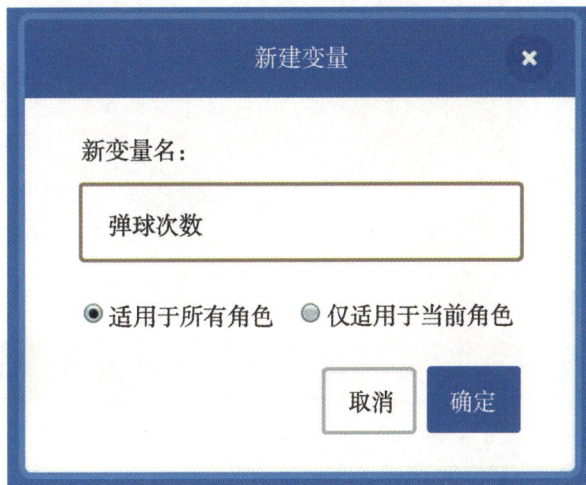

新建变量                    ✕

新变量名：

弹球次数

● 适用于所有角色    ○ 仅适用于当前角色

取消    确定

在沙滩球原有的代码组里添加一条计数代码。（如下图所示）

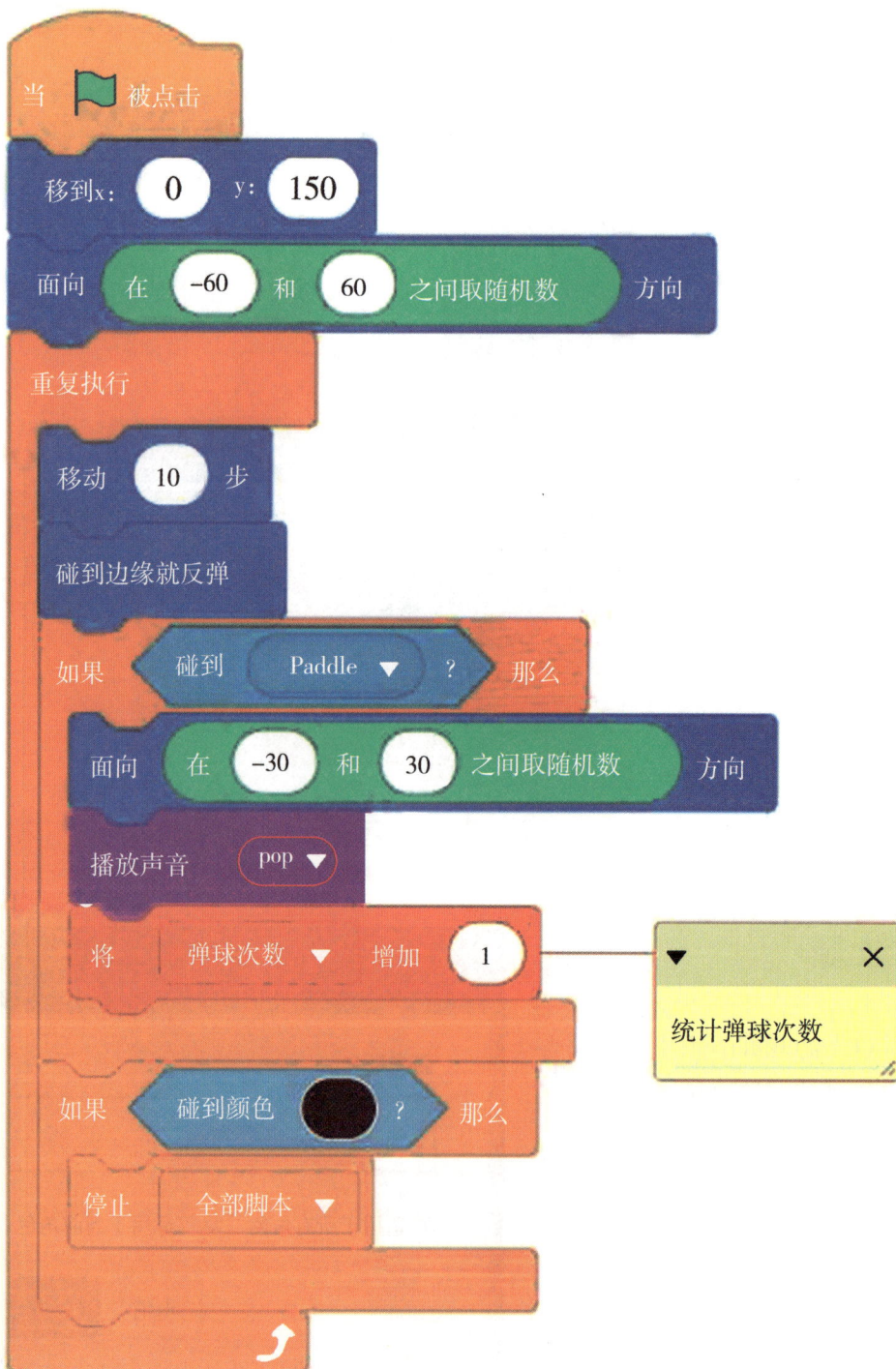

当 🚩 被点击

移到x: 0 y: 150

面向 在 -60 和 60 之间取随机数 方向

重复执行

移动 10 步

碰到边缘就反弹

如果 碰到 Paddle ▼ ？ 那么

面向 在 -30 和 30 之间取随机数 方向

播放声音 pop ▼

将 弹球次数 ▼ 增加 1

▼ ✕

统计弹球次数

如果 碰到颜色 ⬤ ？ 那么

停止 全部脚本 ▼

当 🚩 被点击

将 弹球次数 ▼ 设为 ⓪

移到x: ⓪ y: 150

面向 在 -60 和 60 之间取随机数 方向

重复执行

移动 10 步

碰到边缘就反弹

▼                               ✕

每次游戏开始，
计数器清零

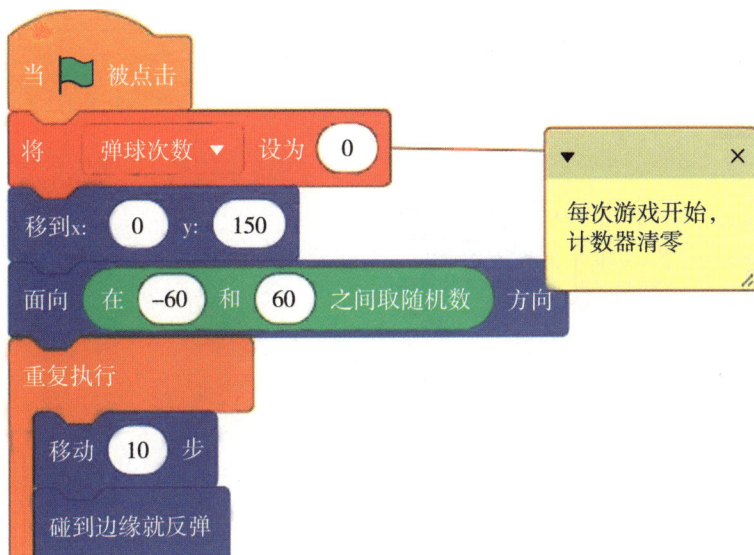

这样一来，游戏中球弹起的次数都会被统计出来，比以前有趣多了。但是，我们很快会发现，每次开启游戏这个数值就会一直往上加，很难分辨哪些数值是这一次游戏的。要解决这个问题，只需要加一条代码，在开始游戏时让计数器清零就可以了。（如左图所示）

弹球次数  0

现在，我们可以开开心心玩这个游戏了。比一比，看谁弹球的次数最多。

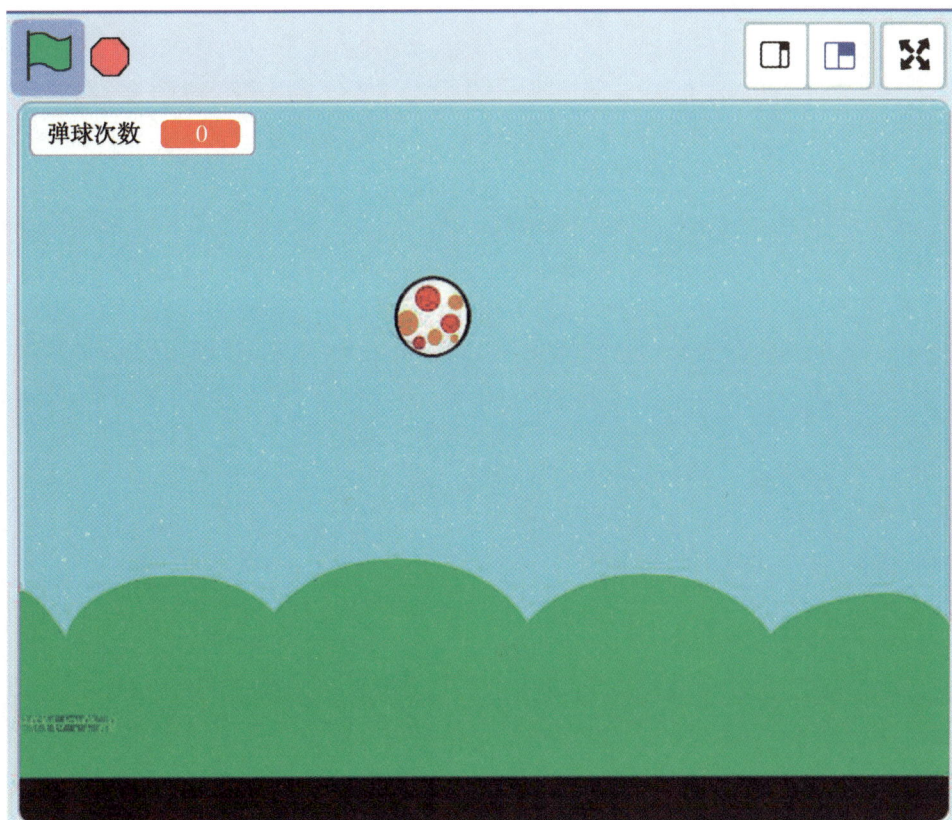

知道基本的编程技术，会为你将来进行选择以及施展抱负起到至关重要的作用。

——［美］马克·扎克伯格

# 第八章
# 刺猬吃草莓

　　一只刺猬在花园里找草莓吃。如何让刺猬避开毒蘑菇，顺利地吃到香甜的草莓呢？这就是我们要创作的游戏。通过这个游戏，我们可以学会如何制作众多角色，并让它们随机分布在舞台上，同时我们还可以学会使用条件等待代码、特效代码和变形代码。

## 1. 添加一个舞台背景

　　做这件事，大家都很熟练了，简单的做法是在 Scratch 自带的素材库里选一个作为舞台背景。当然有更好的办法，那就是拿着相机到公园里拍一张漂亮的照片，然后传到电脑上备用。现在我们选 Wetland 作为背景，同时删除多余的角色小猫。（如右图所示）

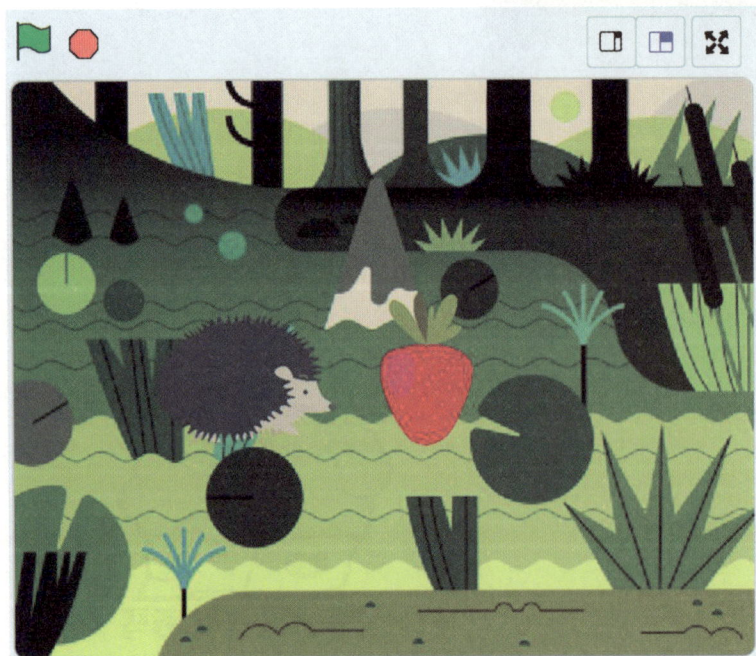

## 2. 添加角色

　　在 Scratch 自带的素材库里找到刺猬和草莓并进行添加。（如左图所示）

毒蘑菇在素材库里找不到，只好自己画一个。（如下图所示）。

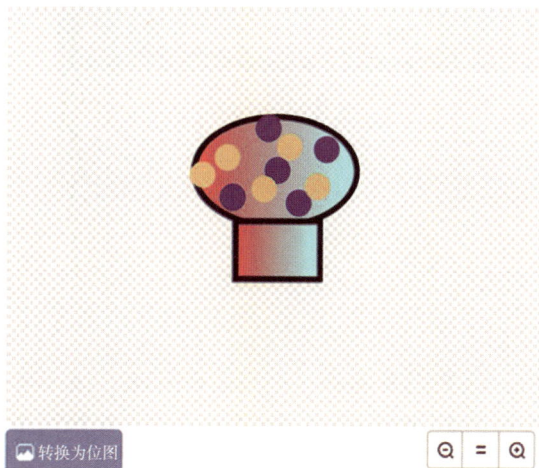

三个角色在舞台上有些大，可根据需要适当缩小。

## 3. 让刺猬跟随鼠标

为了让刺猬跟随鼠标，可添加如下代码：

## 4. 让草莓和毒蘑菇在花园里随机分布

为了让草莓随机地出现在花园里的任何地方，需要为其增添如下代码：

该代码的含义是：草莓可以安放在 X 坐标轴从 230 到 –230 之间，Y 坐标轴从 170 到 –170 之间的任何一个位置。这几乎可以到达舞台的任何一个区域，因为舞台的大小是：X 坐标轴从 240 到 –240，Y 坐标轴是从 180 到 –180。

同样的代码，也给毒蘑菇添加上。

## 5. 让刺猬吃掉草莓

在游戏里，刺猬吃掉草莓就是刺猬碰到草莓，草莓就要消失。要达到这个目的，需要在草莓原来代码的基础上，添加如下代码：

当 ▶ 被点击
移到x: 在 230 和 -230 之间取随机数 y: 在 170 和 -170 之间取随机数
显示
等待 碰到 Hedgehog ▼ ？
隐藏

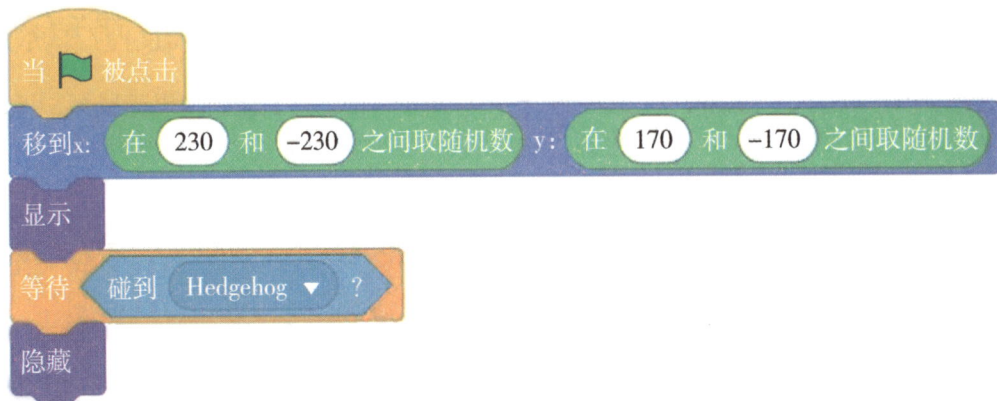

添加代码的部分含义是：当草莓被刺猬碰到后，就要隐藏起来。一旦隐藏起来，就不会出现了，即使游戏重新开始它也不会出现，那怎么办呢？我们要添加新的代码，让草莓在游戏重新开始后显示出来。

## 小贴士

### 等待（　），与如果（　）那么（　）的区别

如果简单地看，这两条代码都是等待某个条件、执行某条指令，可是仔细分析就不同了。

前面我们学习了"如果（　）那么（　）"，还曾经练习过造句"如果今天下雨，那么我出门一定带伞"。言外之意就是，如果今天不下雨，我出门就不带伞了。由此可以看出，这个判断方式并不影响你出门，只是关系到带不带伞。

如果我们使用"等待（　）"这条代码，就变成了"等待下雨，带伞出门"。言外之意是，如果不下雨，我就不出门。

在编程中，两种代码的使用效果不相同。使用"等待"代码时，如果条件不具备，后面的代码一概不能执行；使用"如果"代码，即使条件不具备，后面的代码仍然可以执行。

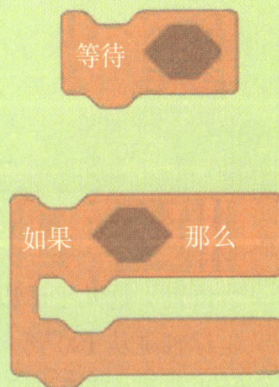

等待 ◆

如果 ◆ 那么

编程已成为一项基本技能，每个人都应该学会。

——［美］马克·扎克伯格

## 6.统计吃草莓的数量

要统计数量，先要建立一个变量"吃掉草莓"。（如右图所示）

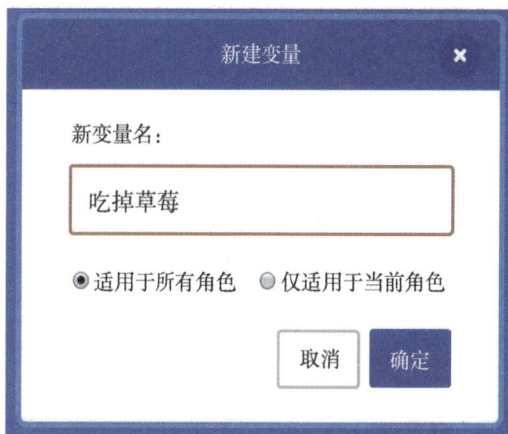

**新建变量** ✕

新变量名：

> 吃掉草莓

◉ 适用于所有角色　　◯ 仅适用于当前角色

取消　**确定**

然后继续给草莓的原有代码添加新代码。（如下图所示）

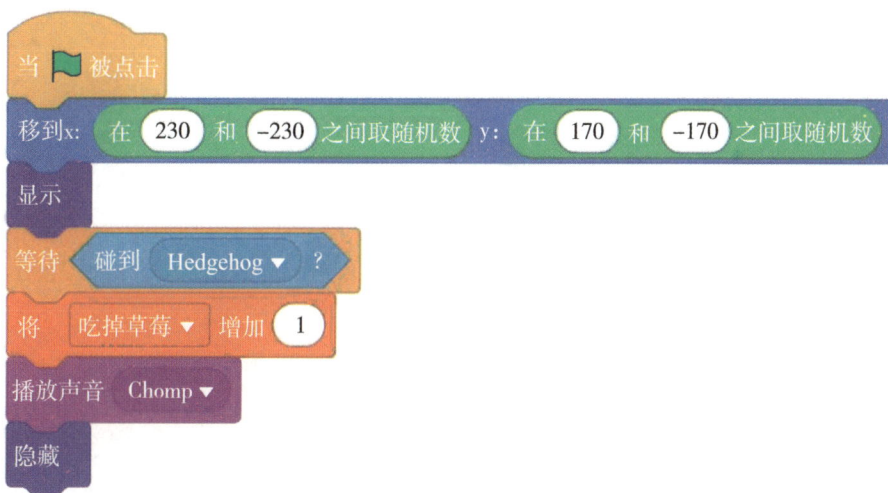

```
当 ▶ 被点击
移到x: 在 230 和 -230 之间取随机数 y: 在 170 和 -170 之间取随机数
显示
等待 碰到 Hedgehog ▼ ?
将 吃掉草莓 ▼ 增加 1
播放声音 Chomp ▼
隐藏
```

新增代码的含义是：草莓被吃的时候，要将变量"吃掉草莓"增加"1"。为了提高效率，顺便还给吃草莓加了个音效"Chomp"。

我们在学习快乐反弹球编程时学到，计数器每次使用前要清零，这个清零代码我们将把它加到背景 Wetland 上去，顺便也给 Wetland 加个音效。（如右图所示）

这组代码的含义是：游戏开始时，将变量"吃掉草莓"设为零，并重复播放 Chatter 声音文件。Chatter 就是小动物的吱吱叫的声音。

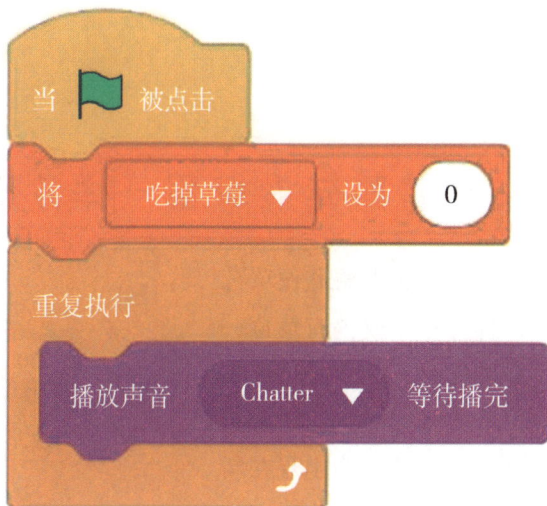

```
当 ▶ 被点击
将 吃掉草莓 ▼ 设为 0
重复执行
  播放声音 Chatter ▼ 等待播完
```

**不要只是玩手机，去编写它的代码。**

——美国前总统巴拉克·奥巴马

## 7. 复制多个草莓

如果需要多个属性相同的角色，可以在完成一个角色的代码编辑后进行调试，各项指标参数确认无误后，就可以大量复制了。复制的方式是使用鼠标右键点击角色列表区里的角色，调出菜单后，选择复制。复制出的角色除了名字被加了序列号以外，没有其他任何变化，包括所携带的代码组也一模一样。（如下图所示）

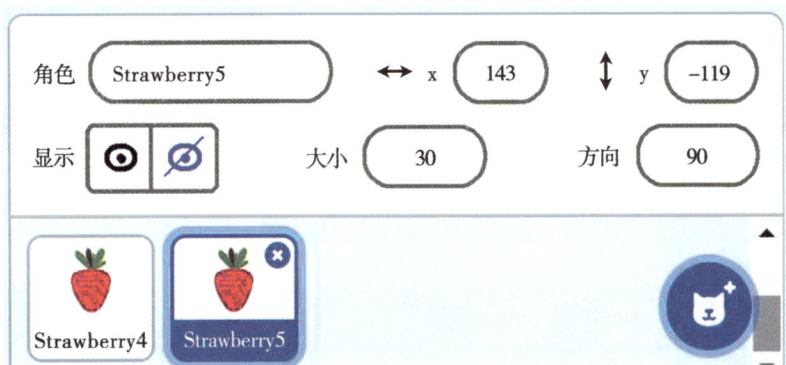

| 角色 | Strawberry5 | ↔ x | 143 | ↕ y | −119 |
|---|---|---|---|---|---|
| 显示 | ◉ ⊘ | 大小 | 30 | 方向 | 90 |

Strawberry4    Strawberry5

## 8. 不能吃毒蘑菇

毒蘑菇吃了会中毒，这是我们都知道的常识。我们的游戏规则是，一旦刺猬碰上毒蘑菇，游戏就结束了。怎样编制这个规则的代码呢？其实很简单：毒蘑菇的代码含义很明确，如果碰到刺猬，程序就结束了。（如右图所示）

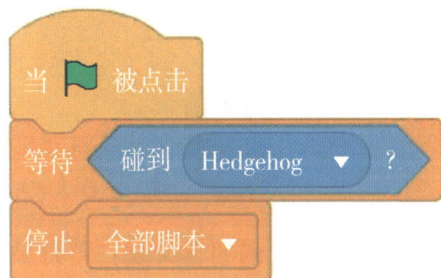

当 ▶ 被点击
等待 碰到 Hedgehog ▼ ?
停止 全部脚本 ▼

## 9. 让毒蘑菇像草莓一样分布

如果让毒蘑菇像草莓一样分布，就得有草莓一样的代码。（如右图所示）

这样，每次启动游戏，毒蘑菇都会出现在新的地方。

当 ▶ 被点击
移到x: 在 230 和 −230 之间取随机数 y: 在 170 和 −170 之间取随机数
等待 碰到 Hedgehog ▼ ?
停止 全部脚本 ▼

编程可以帮助你更好地思考，创建一种在各个领域都非常有用的思维方式。

——[美]比尔·盖茨

## 10. 使用特效隐藏毒蘑菇

　　毒蘑菇色彩鲜艳，很容易辨认，但是如果它使用了隐身术，找起来就比较困难了。这个隐身术就是使用特效中的虚像，使自己的图像黯淡下去。（如下图所示）

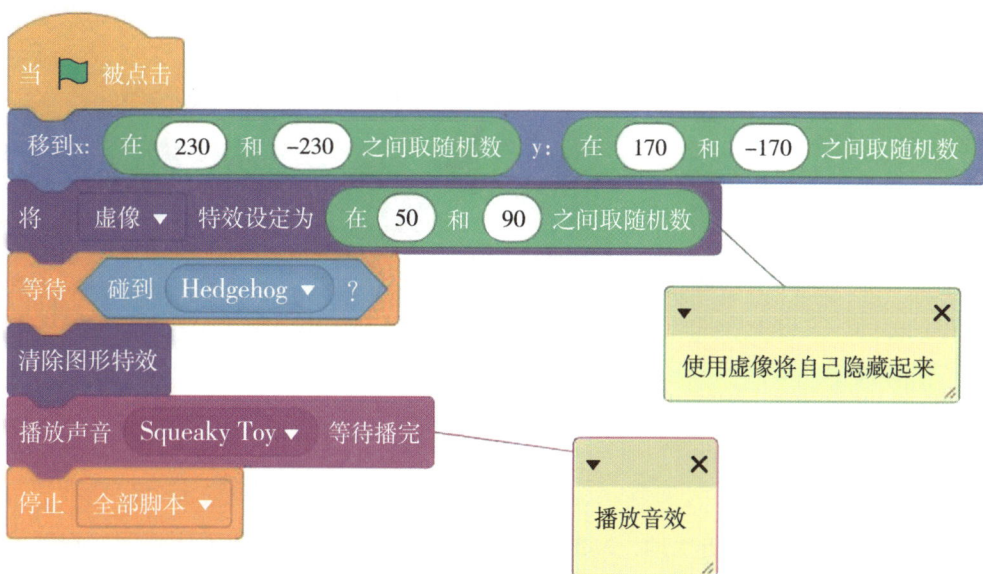

当 🚩 被点击
移到x：在 230 和 -230 之间取随机数　y：在 170 和 -170 之间取随机数
将 虚像▼ 特效设定为 在 50 和 90 之间取随机数
等待 碰到 Hedgehog▼ ?
清除图形特效
播放声音 Squeaky Toy▼ 等待播完
停止 全部脚本▼

使用虚像将自己隐藏起来

播放音效

**小贴士**
**设定特效**

将 虚像▼ 特效设定为 100　　清除图形特效

颜色
鱼眼
漩涡
像素化
马赛克
亮度
✓ 虚像

　　Scratch 中的特效，就是使用特效代码将角色的形象表现出特殊的效果，用以丰富角色的表现方式。在 Scratch 3.0 中，有 7 种特效方法，小朋友们可以尝试一下。需要注意的是，在使用了特效以后，不要忘记清除图形特效。

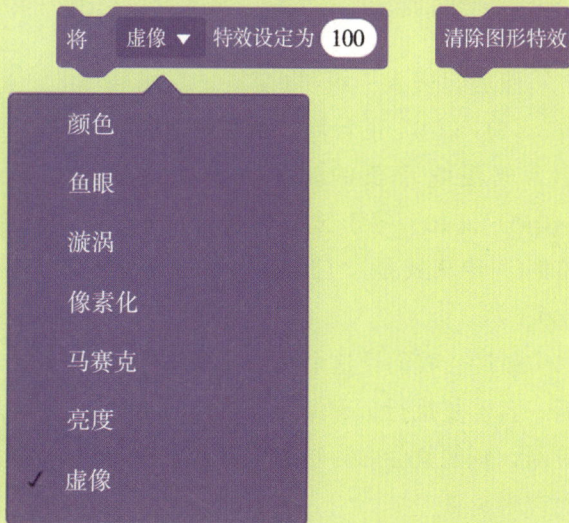

知道基本的编程技术，会为你将来进行选择以及施展抱负起到至关重要的作用。
——［美］马克·扎克伯格

## 11. 复制多个毒蘑菇

为了提高游戏的难度，我们可以多添加一些毒蘑菇。方法我们已经学过，这里我们只看一下添加后的效果。（如右图所示）

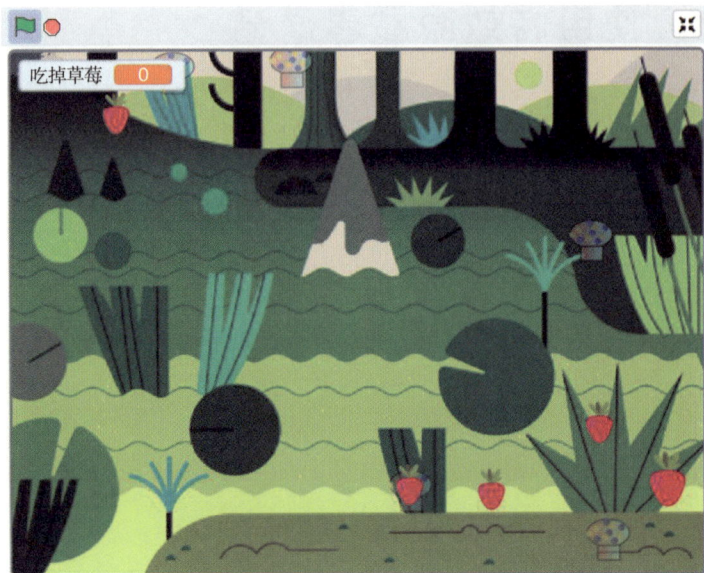

## 12. 刺猬越吃越胖

为了让刺猬吃草莓的形象更生动，同时增加游戏的难度，我们设计了让刺猬越吃越胖的效果。此效果是通过一组代码实现的。

首先，我们使用了外观代码组里的"将大小设为（　）"的代码。（如右图所示）

然后，嵌入一组"（变量'吃掉草莓'+5）×10"的计算式调整刺猬的大小。当没吃草莓的时候，计算式是"（0+5）×10"等于50；当吃完5个草莓时，计算式是"（5+5）×10"等于100。

最后，我们让这个代码在游戏开始后一直重复执行，确保计算结果的及时更新，刺猬就会因为吃的草莓越来越多而越来越胖。

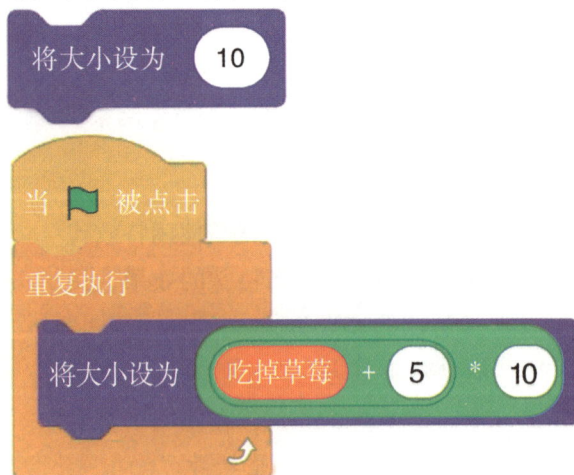

观察下图中刺猬形象的变化。

## 13. 庆祝胜利

当刺猬吃完全部草莓时，我们可以给它换一个造型，并让它说一句"哈哈，吃饱啦！"，以此来庆祝游戏的胜利结束。代码如右图所示。

在这里我们又一次使用了等待代码，等待刺猬吃掉 5 个草莓后执行的代码。

因为这一组代码涉及等待变量的变化，为确保执行该代码之前变量"吃掉草莓"为零，所以将原来在背景上的这条代码，改在了这里执行。

# 第九章
# 找不同

找不同是小朋友们经常玩的游戏，只不过以前是在纸上玩，现在在电脑上玩，现在的玩法更有趣了。

通过这款游戏的设计制作，小朋友们可学会使用广播和接收消息的代码，建立角色之间的互动响应关系，进而拓宽游戏创作的思路。

这个游戏的设计思路是：在两幅一样的图片上，选择其中一幅放置几幅小图片，遮挡原来的图片，被遮挡的部分就变成了不同之处。玩游戏的人将这些不同之处全部准确地找出来，并点击小图片，就完成游戏了。

## 1. 制作游戏角色

角色 1：找不同图片

用手机拍一组植物，从电脑上传至 Scratch，使用 Scratch 自带的图片编辑器，将图片复制粘贴，做成两幅一样的图片。

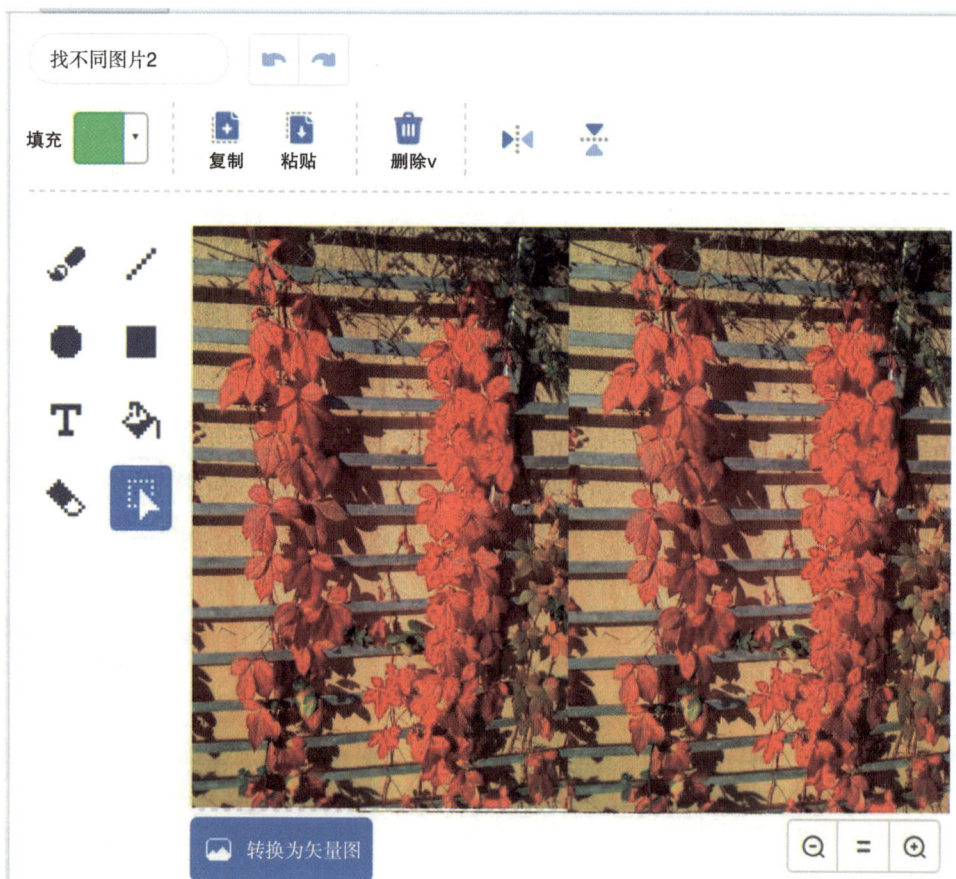

角色 2：游戏开始

使用 Scratch 自带的图形编辑器画一个。（如右图所示）

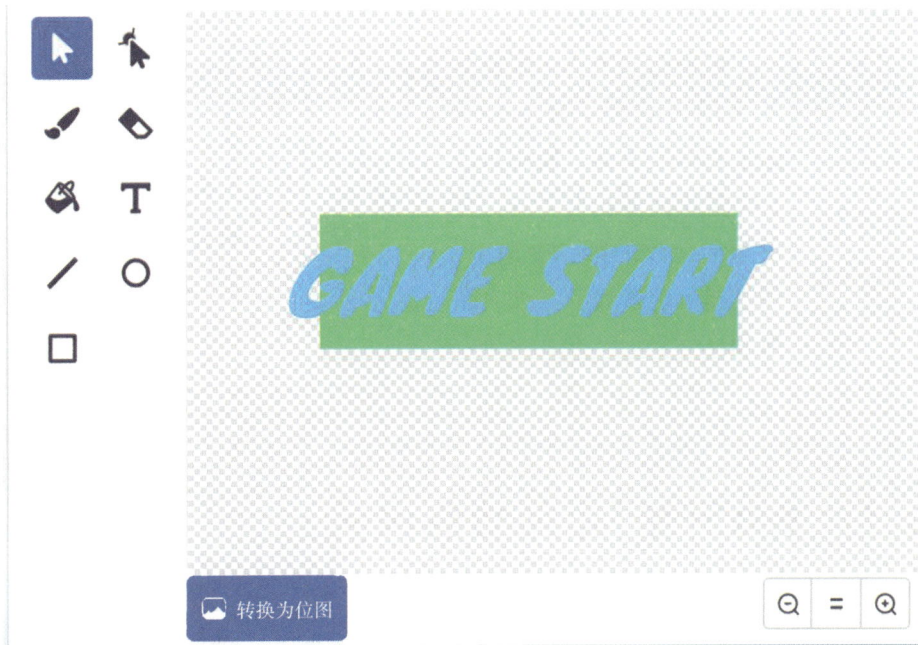

**GAME START**

转换为位图

角色 3：游戏说明

在 Scratch 图形编辑器里填上色彩，打上说明文字。（如右图所示）

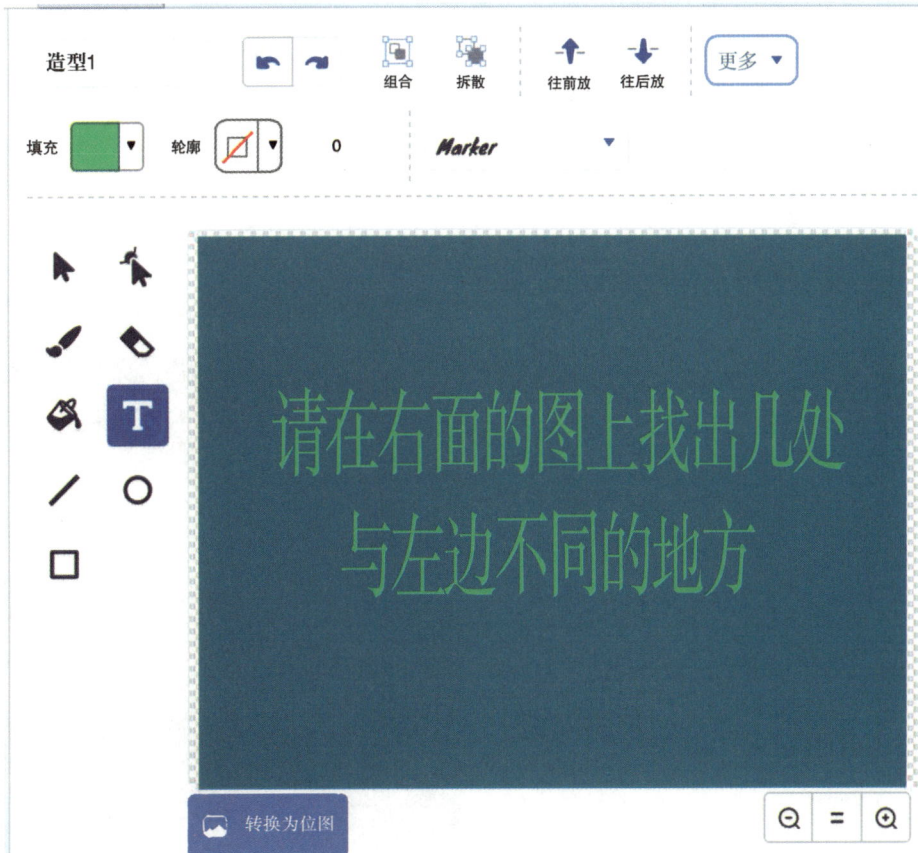

造型1　组合　拆散　往前放　往后放　更多 ▼

填充　轮廓　0　Marker

请在右面的图上找出几处与左边不同的地方

转换为位图

**不要只是玩手机，去编写它的代码。**

——美国前总统巴拉克·奥巴马

角色 4：叶片

用来遮挡图片，制造图片不同的效果。在 Scratch 图形编辑器里面，使用角色 1 的图片裁剪出叶片 1，然后做出叶片的第二个造型，用于提示玩游戏者。（如右图所示）

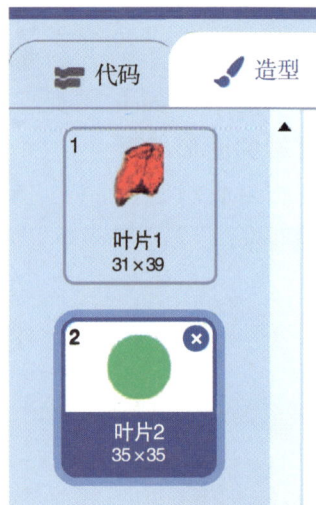

## 2. 为"游戏开始"添加功能代码

"游戏开始"角色要求：当小绿旗被点击时，要求"游戏开始"角色出现在最前面；当"游戏开始"被点击时，能够及时隐藏。代码如右图所示。

效果如右图所示：

## 3. 广播"游戏开始"的消息

在这里,我们为"游戏开始"这一角色添加一条新的代码——"广播(消息1)"。(如右图所示)

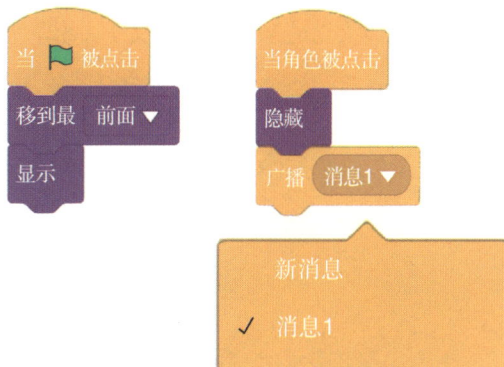

使用代码的方式是:点击调出菜单,选择新消息,在弹出的对话框内填写"新消息的名称",点击确定。(如右图所示)

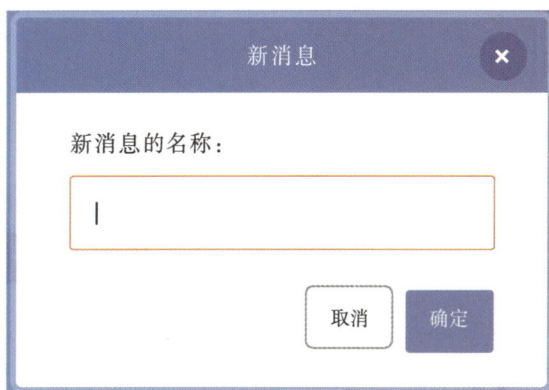

我们填写"游戏开始",确认后,形成有效代码。(如下图所示)

然后,将这条代码嵌入之前的代码组里面。(如下图所示)

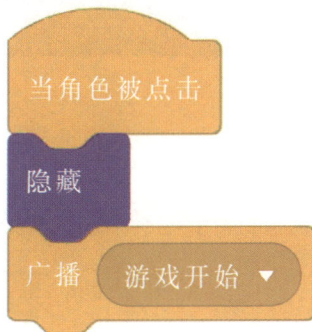

**小贴士**

**广播**

这是编程中的术语,类似生活中的广播,就是发布一条消息,让大家都知道。在 Scratch 中,是给每个角色和背景发消息,然后给需要的对象设置接收广播消息的代码,让它们根据情况做出反应。

## 4."游戏说明"接收广播

给角色"游戏说明"添加接收广播消息的代码，使其做出相应的变化。（如右图所示）

角色"游戏说明"开始执行代码，"游戏说明"显示 3 秒钟，然后自己隐藏起来。

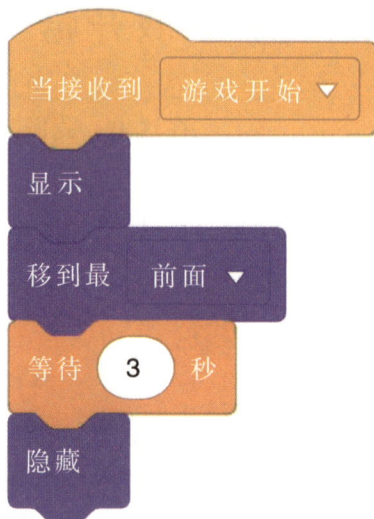

当接收到 游戏开始 ▼

显示

移到最 前面 ▼

等待 3 秒

隐藏

## 5."叶片"接收广播

角色"叶片"接收到"游戏开始"的广播信息后，以"叶片1"的造型，随机分布在下面的图片中。（如下图所示）

当接收到 游戏开始 ▼

换成 叶片1 ▼ 造型

显示

移到x: 在 10 和 230 之间取随机数 y: 在 170 和 −170 之间取随机数

## 6.添加变量统计

为"找不同"的数量进行统计，新建变量"找到"。（如右图所示）

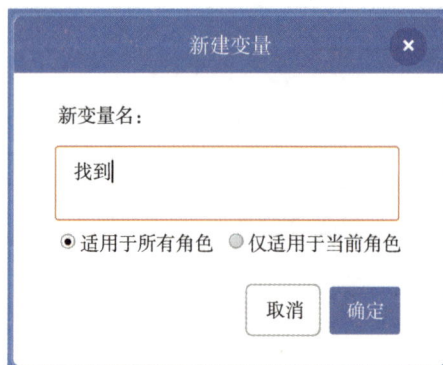

新建变量

新变量名：

找到

● 适用于所有角色 ○ 仅适用于当前角色

取消　确定

## 7. "叶片"被点击后的反应

角色"叶片"被点击后，会改变造型，以告知游戏者找对了，然后消失，同时给变量"找到"增加 1。（如右图所示）

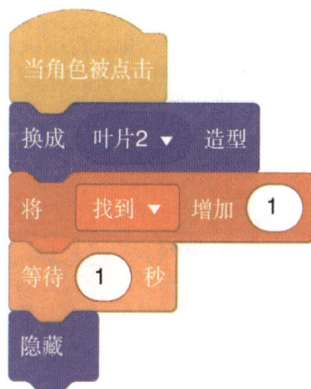

## 8. 复制多个"叶片"

使用以往学到的知识，将角色"叶片"再复制两片。（如下图所示）

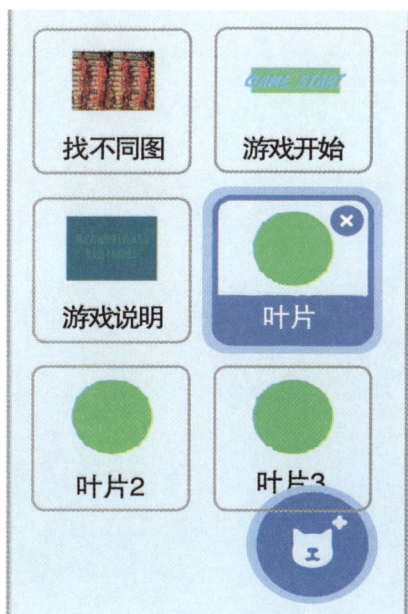

## 9. 给游戏一个结果

此游戏的结果是，找全三处不同，游戏便告成功。因此，需要为角色"找不同图"添加如下代码。

此组代码的含义是：游戏开始时，将变量"找到"设为"0"，等到游戏者找全 3 处不同，说出"你成功了!"，并播放欢呼声"Cheer"，游戏便结束了。

# 第十章
# 小猫考你数学题

熊哥代码

这个游戏不仅有趣，还可以帮助我们学习数学，帮我们成为"学霸"。这个游戏的制作有一定的难度，需要我们认真学习，深刻理解。

## 1. 理解"如果……那么……否则……"

制作这个游戏，需要应用一个判断语句。（如右图所示）

为了理解这个代码的含义，我们先做一个语文造句练习：

"如果……那么……否则……"

例句1：如果我有一辆自行车，那么我可以骑车上学，否则只能步行上学。

例句2：如果我保护好眼睛，那么我将来不用戴眼镜，否则将来只能天天戴眼镜。

同学们自己练习造几个这样的句子，就可以了解这个代码的含义了。

## 2. 理解"a+b=c"

2+3=5

2+4=6

3+5=8

这些都是我们知道了确切的数字后得出的答案。在不知道都有哪些数字的情况下，我们也知道这是一个等式，它们都符合一个规律，那就是：

a+b=c

a和b就是代表那些我们不知道的数，如果知道了a和b，我们就能得到c了。

用代码表示就是：

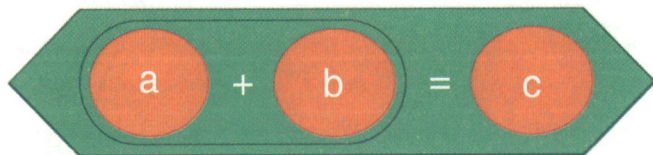

## 3. 制作游戏背景

明白了以上知识，我们就可以编这个游戏了。

首先在 Scratch 自带的背景素材库里选一个 Theater（剧场）背景，然后添加上加号、等号和问号。（如右图所示）

继续添加一个 Scratch 素材库里的 party 背景，写上"祝贺你答对了！"。（如左图所示）

## 4. 建立变量a、b、c

依照我们之前所学知识，建立变量a、b、c。（如右图所示）

勾选 a 和 b，使其在舞台上显示出来，并拖到合适位置，使用大字显示模式。（如下图所示）

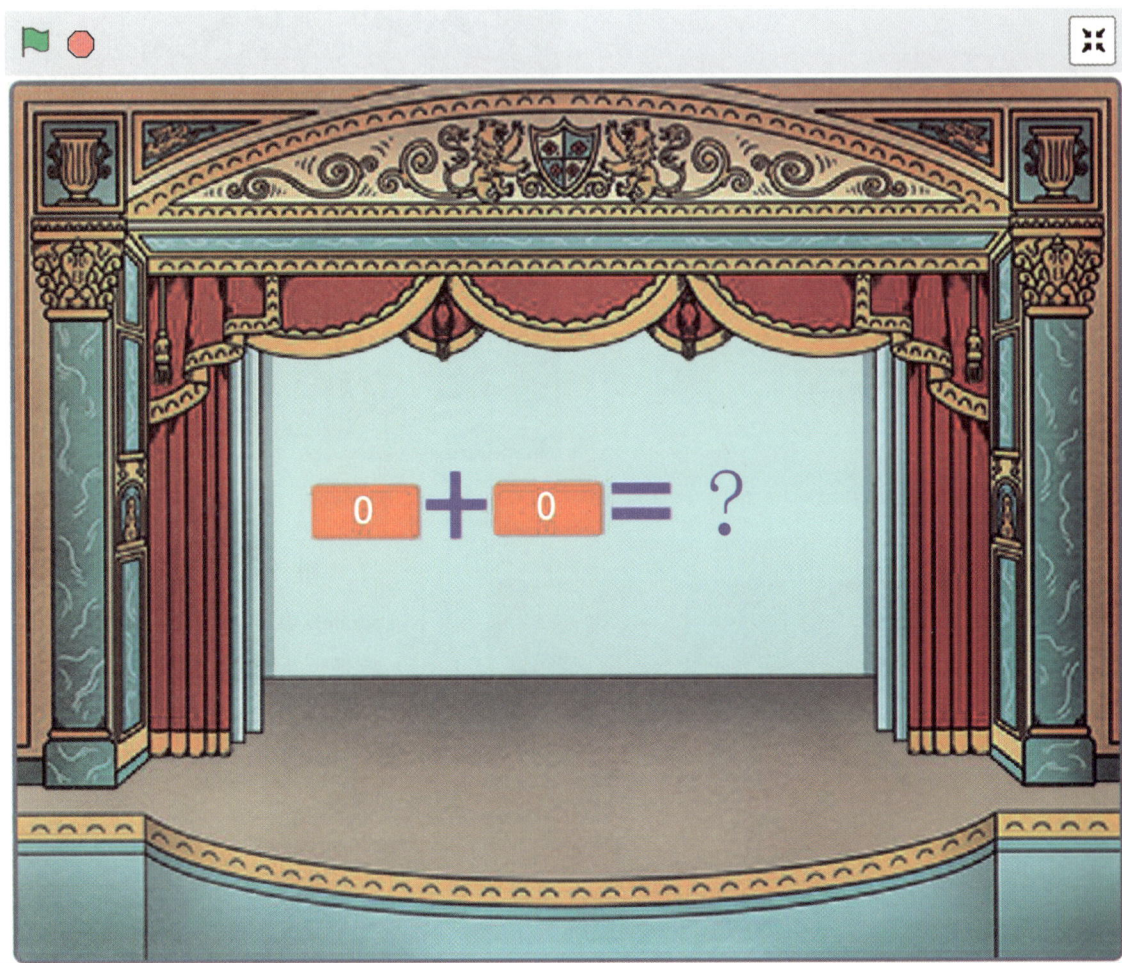

## 5. 为角色小猫添加出题代码

小猫出题的难易程度可以根据游戏者的知识水平设定。如果是一年级的小学生，可以设置为 1 到 20 之间的随机数，代码如右图所示。

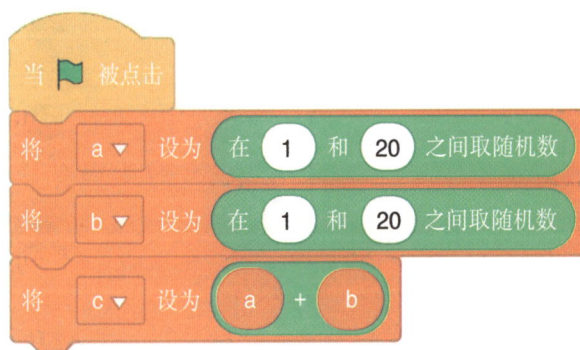

此时，我们在变量里勾选 c，使其显示在舞台上；然后用鼠标点击小绿旗，就可以看到一组等式。（如右图所示）

## 6.实现问答功能

第三章里只简单介绍了问答功能代码，这里我们要详细地了解一下。

问答功能代码是由两个代码组成的。（如右图所示）

一个负责询问，将代码中输入的内容作为问题，由相关的角色在舞台上用文字提问。同时，提供一个对话框，等待回答。（如左图所示）

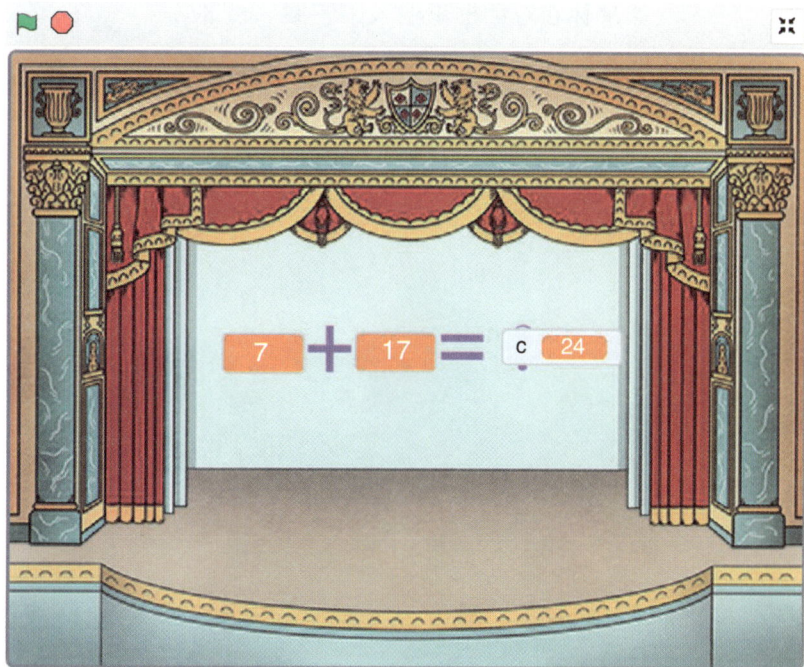

如果你在对话框里输入了答案 cat，使用了回车确认，却不知道答案去了哪里，这就涉及问答功能的第二条代码"回答"。这时你只要在代码区里找到代码"回答"，并勾选它，它就会出现在舞台上。（如右图所示）

现在我们将这条代码加上，并输入提问的问题："这两数相加等于多少？"（如左图所示）

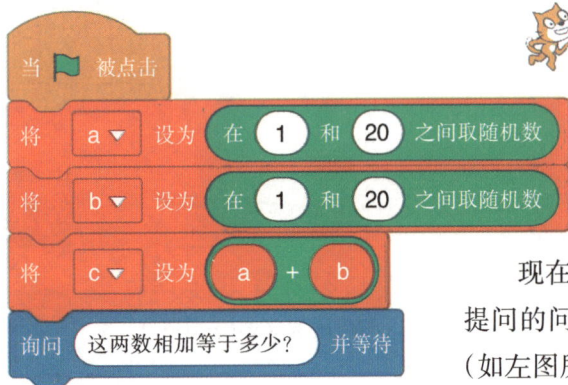

然后勾选代码"回答"，就可以完成问答功能了。（如右图所示）

## 7.让小猫判断你的回答是否正确

　　现在我们开始进入本游戏的核心技术层面，让小猫判断回答结果是否正确。如果答案正确，会告知答对了，如果答案错误，将继续问。要实现这个功能，就要用到代码"如果……那么……否则……"。（如右图所示）

　　我们把要求放进这个代码，那就是：如果（回答正确），那么（告知答对了），否则（告知再想想）。

　　首先我们研究如何判断回答正确。所谓回答正确，就是你所输入的"回答"结果等于变量c。用代码表示就是：

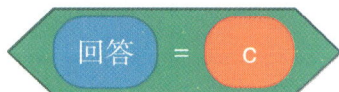

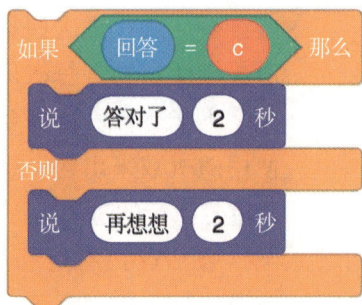

　　如果这个条件成立，则开始执行"那么"的代码；如条件不成立，则执行"否则"的代码。（如左图所示）

　　有了这组代码，小猫就可以准确判断游戏者回答问题的正确与否了。

## 8.完善游戏功能

　　当小猫可以判断答题的正确与否后，就可以继续完善这个游戏了。

　　首先要去掉对变量"c"和"回答"的勾选，使其不在舞台上继续显示。

　　其次要更换背景。当游戏者回答正确时，我们要把背景更换为祝贺的场景；重新启动游戏时，又需要将原来的剧场背景更换回来。

　　在更换为祝贺背景时，还要使其变量"a""b"以及角色小猫不在舞台中显示；再次启动游戏时，让它们再次显示出来。

　　最后，在游戏者回答正确时，不要忘记加上欢呼的配音。其全部代码见下页图。

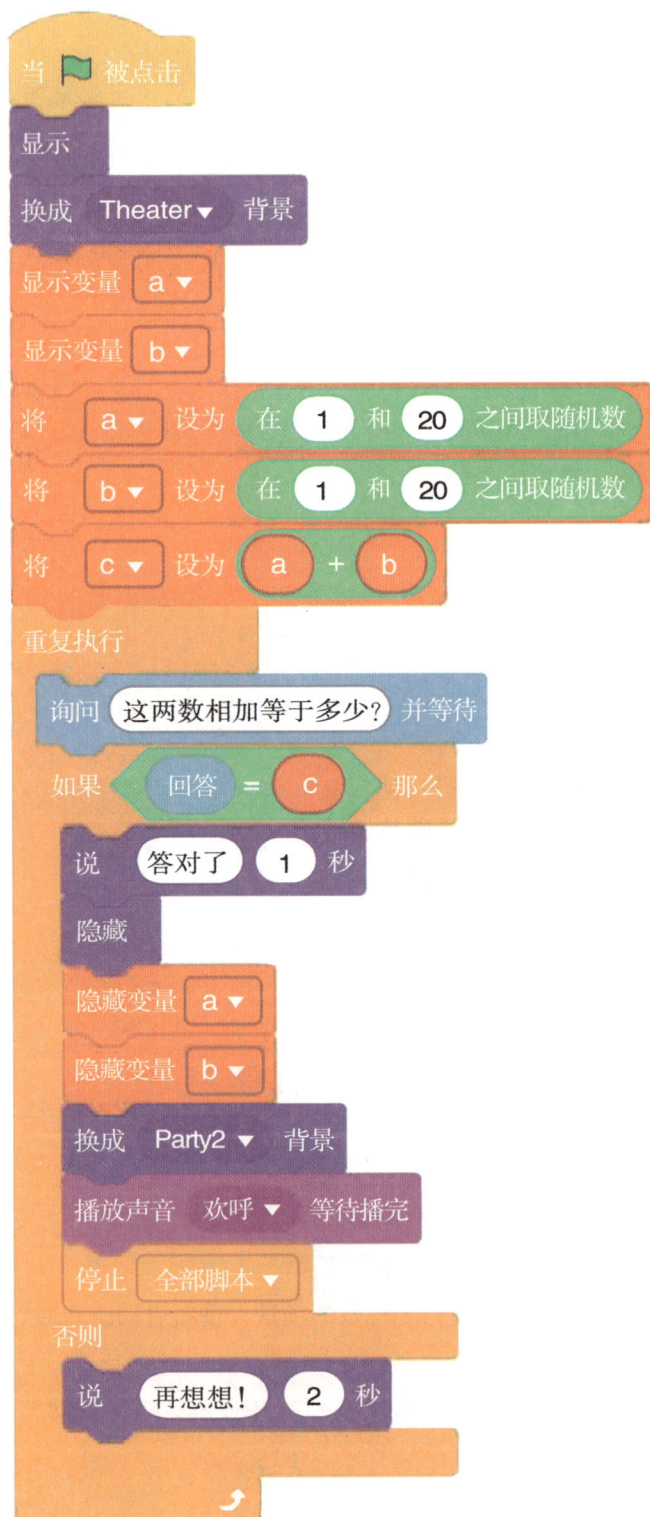

## 9. 连续出题的游戏方式

```
当 🏁 被点击
显示
换成 Theater▼ 背景
显示变量 a▼
显示变量 b▼
将 a▼ 设为 在 1 和 20 之间取随机数
将 b▼ 设为 在 1 和 20 之间取随机数
将 c▼ 设为 a + b
重复执行
    询问 这两数相加等于多少? 并等待
    如果 回答 = c 那么
        说 答对了 1 秒
        隐藏
        隐藏变量 a▼
        隐藏变量 b▼
        换成 Party2▼ 背景
        播放声音 欢呼▼ 等待播完
        停止 全部脚本▼
    否则
        说 再想想! 2 秒
```

我们可以把这个游戏改成另外一种样子：如果游戏者回答正确，我们就继续出题，并且统计其正确答题次数。如果连续答对一定数量的题，我们就表示祝贺并结束游戏。如果答错了，游戏就告知错误并立即终止。

首先我们先研究一下编程的需求。

第一点：每次回答正确后要继续出题，每次出题的数字不能一样。这需要继续使用随机数来出题，这是一个重复执行的过程。

第二点：答对一道题，就要统计一次，这需要增加一个变量。

第三点：当统计的变量达到一定的数值，游戏就宣布成功并圆满结束。

第四点：当游戏者答错时，游戏会发出告知错误的通知并立即终止。

这次我们是在原有的游戏基础上改编的，所以我们继续使用原游戏已经定义的变量和已经设计好的舞台。

## 10. 设计循环出题代码

将随机出题的代码放入重复执行代码，并加入"询问（ ）并等待"的代码。用鼠标点击这组代码，本游戏就能连续出题了。（如右图所示）。

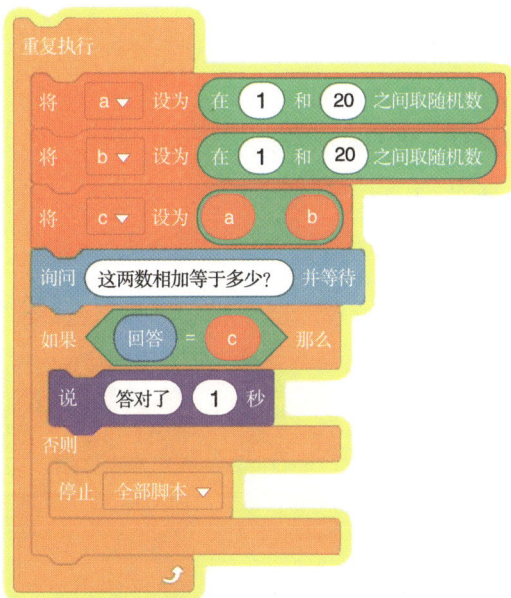

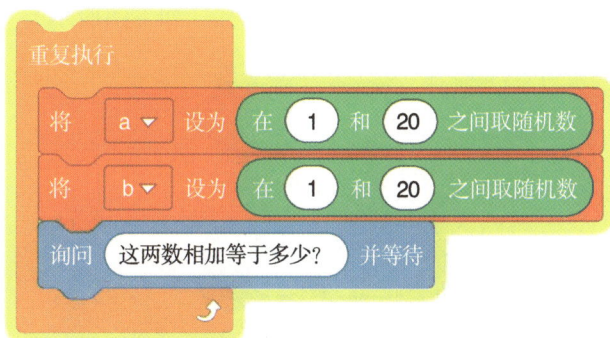

```
重复执行
  将 a ▼ 设为 在 1 和 20 之间取随机数
  将 b ▼ 设为 在 1 和 20 之间取随机数
  询问 这两数相加等于多少？ 并等待
```

```
重复执行
  将 a ▼ 设为 在 1 和 20 之间取随机数
  将 b ▼ 设为 在 1 和 20 之间取随机数
  将 c ▼ 设为 a b
  询问 这两数相加等于多少？ 并等待
  如果 回答 = c 那么
    说 答对了 1 秒
  否则
    停止 全部脚本 ▼
```

## 11. 加入判断正确与否功能

使用"如果……那么……否则……"代码判断答案是否正确。如果回答正确，会告知答对了，然后继续出题；如果回答错误，将终止游戏。（代码如左图所示）

此时点击这组代码，即可完成出题和判断功能。

## 12. 建立统计变量

新建变量"答对次数"，并勾选这个变量，使其显示在舞台左上角。

答对次数 0

这两数相加等于多少？

11 + 15 = ?

与此同时,添加统计代码。(如下图所示)

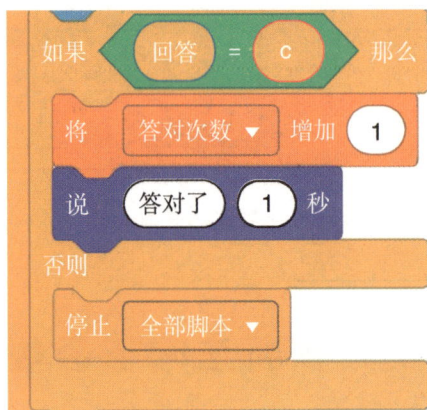

每答对一次,将答对次数增加"1"。

特别提醒:增加这个统计代码后,不要忘记在重新启动游戏时,将答对次数设置为"0"。

## 13. 祝贺成功

我们设定连续答对 10 道题,就对游戏者表示祝贺。为实现这个功能,我们将原来的无条件重复执行的代码,换成事件判断重复执行代码。仔细观察一下两者的不同:

这两个代码上部不同,下部也不同。上部不同是后面一条增加了"直到（ ）"的事件,下部不同是前面一条的底部是平的,而后面的一条底部有个突出部分。

这是因为,如果无条件重复执行,代码就不会往后执行了,而有条件的重复执行代码,在满足了某个设定事件后,还要继续往下执行。

使用了有条件重复执行代码后,我们将条件代码的事件进行设置。(如右图所示)

在这条代码的下面,我们接上一条代码。(如右图所示)

将原有的背景 Party2 中的字做一下修改。（如下图所示）

## 14. 再次完善游戏功能

依照前面学习的知识，再次完善游戏功能。（最终的全部代码如右图所示）

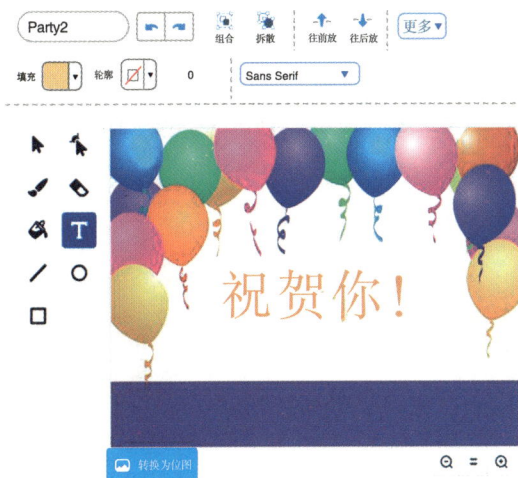

```
当 🏴 被点击
换成 Theater 背景
显示变量 a
显示变量 b
显示
将 答对次数 设为 0
重复执行直到  答对次数 = 10
    将 a 设为 在 1 和 20 之间取随机数
    将 b 设为 在 1 和 20 之间取随机数
    将 c 设为  a + b
    询问 这两数相加等于多少? 并等待
    如果  回答 = c  那么
        将 答对次数 增加 1
        说 答对了 1 秒
    否则
        停止 全部脚本
隐藏变量 a
隐藏变量 b
隐藏
换成 Party2 背景
播放声音 欢呼 等待播完
停止 全部脚本
```

# 第十一章
# 走迷宫

熊哥代码

在本章要学习使用键盘操纵角色移动，而不是以往的用鼠标来操纵。设计的游戏内容为：一只小老鼠在游戏者的操纵下去吃一只甜麦圈，如果操纵不当，碰到迷宫的边缘，它就会回到起点，重新并始移动。

## 1. 添加"迷宫"角色

用 Scratch 自带的绘图板添加"迷宫"角色。（如下图所示）

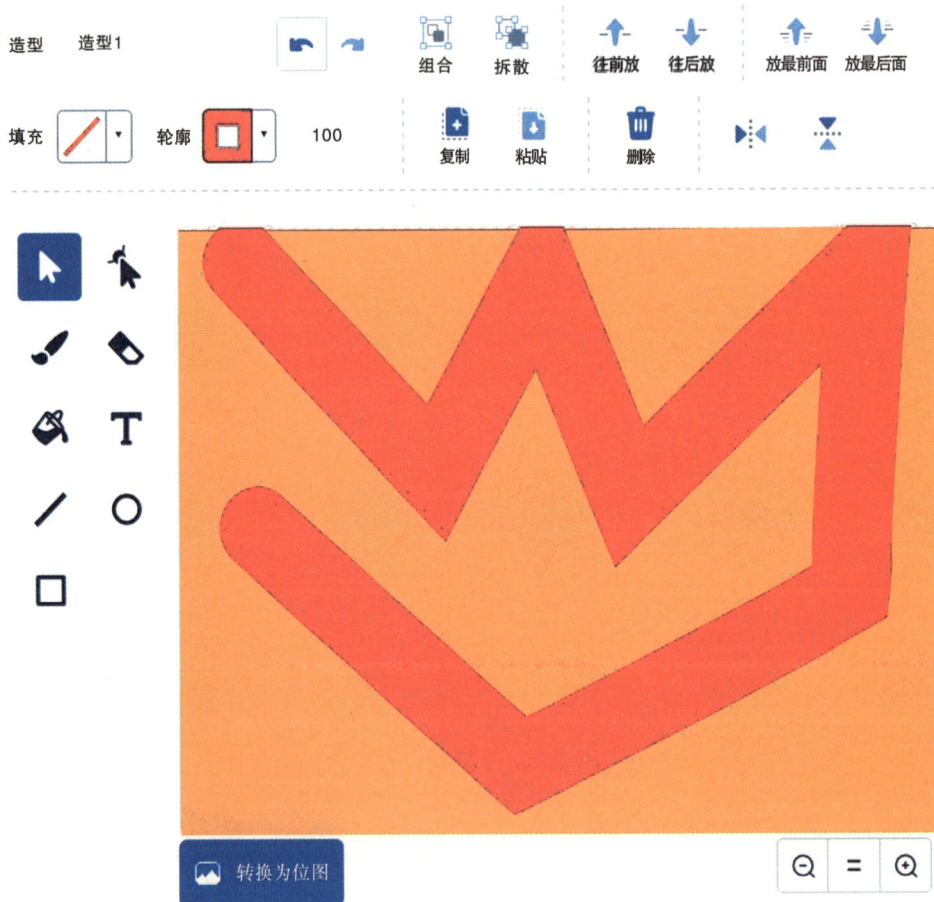

之所以在底色上用另一种颜色的斜线段绘制迷宫，一是因为编程需要区分颜色，二是因为使用斜线可增加游戏的难度。

## 2. 添加老鼠和甜麦圈

在 Scratch 自带的素材库里添加角色"老鼠"和"甜麦圈",并将其缩小,安放到迷宫的起点和终点。(如右图所示)

## 3. 用键盘控制老鼠

为了提高游戏难度,我们设置用键盘的上下左右键来控制老鼠的运动,编写相应代码(如右图所示)。

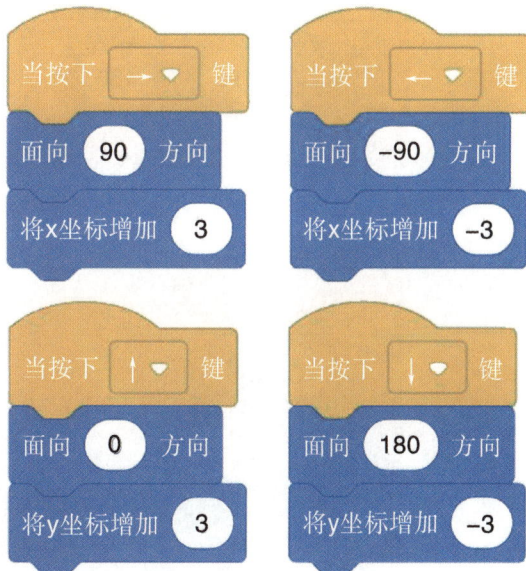

从图中我们可以看出:当按下往右的方向键,老鼠转向右边,并往右移动三步;当按下往左的方向键,老鼠转向左边,并往左移动三步。往上与往下的运动方式也是如此。

## 4. 碰到边缘就返回

这个游戏的唯一规则，就是老鼠在移动过程中，如果碰到轨道边缘就要返回到起始点。要实现这个功能，需要给四个运动方向的代码添加新内容。（如下图所示）

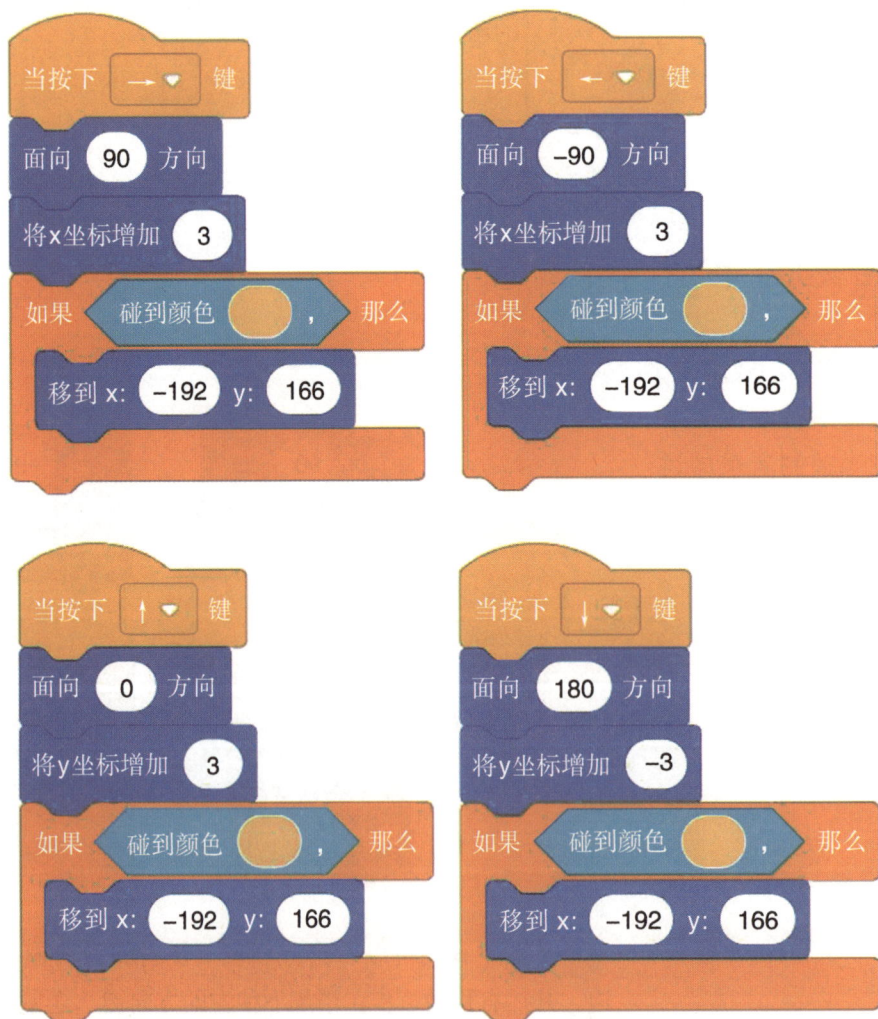

添加的这部分代码表示，碰到迷宫边界以外的颜色，就要返回起始点。所选的颜色是使用颜色设定中的吸管确定的。（如右图所示）

```
当按下 ← 键
面向 -90 方向
将x坐标增加 3
如果 碰到颜色 ○ ， 那么
移到
```

颜色  11

饱和度  70

亮度  100

```
当按下
面向
将y坐标
如果
```

角色  Mouse1

显示  ◉  ⊘

不管你颜色的辨别能力有多强，也不要随意去调这个颜色，因为只有使用吸管才能确保颜色准确。

可以测试一下此功能，一旦老鼠超出迷宫轨道边缘就回到起始点，说明你的颜色设定是准确的。

## 5. 为甜麦圈添加代码

首先，添加一个变量"计时"，计算老鼠走迷宫使用了多少时间。

其次，添加广播消息，告知其他角色"老鼠到了"。

最后，添加如下代码。

当 🚩 被点击

将 计时 ▼ 设为 0

重复执行直到 碰到 Mouse1 ▼ ?

等待 1 秒

将 计时 ▼ 增加 1

说 欢迎！欢迎！ 2 秒

广播 老鼠到了 ▼

代码的含义是：点击小绿旗游戏开始，将变量"计时"设置为 0，然后开始按秒计时，角色"老鼠"碰到"甜麦圈"时停止计时，说"欢迎！欢迎！"，并广播消息"老鼠到了"。

编程可以帮助你更好地思考，创建一种在各个领域都非常有用的思维方式。

——［美］比尔·盖茨

## 6.为迷宫添加代码

角色"迷宫"在游戏里的任务是：游戏开始时显示出来，并且在舞台的最底层，不遮挡其他角色的表演，当老鼠吃到甜面圈的时候，"迷宫"把自己隐藏起来。因为内容简单，所以其代码也简单。（如右图所示）

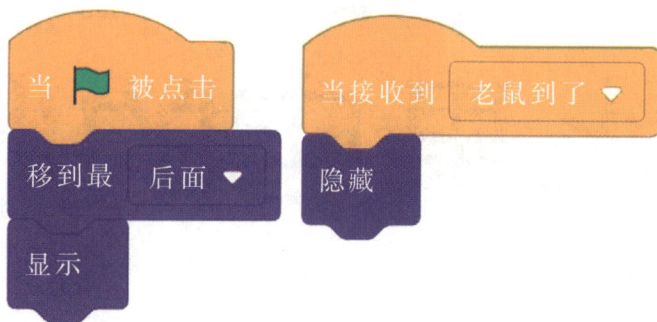

```
当 🚩 被点击
移到最 后面 ▼
显示
```

```
当接收到 老鼠到了 ▼
隐藏
```

## 7.设置游戏的起始点

角色"老鼠"有个开始游戏的起始点，每次游戏必须从起始点开始，所以，还需要为它设置一个游戏开始时回到起始点的代码。（如右图所示）

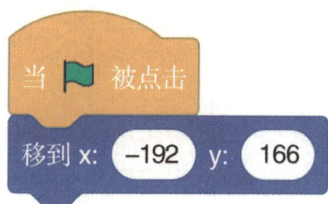

```
当 🚩 被点击
移到 x: -192 y: 166
```

至此，该游戏的主体部分已经设计完成。如果还想更完美一些，可以添加声音效果。小朋友们可以根据以往学习的知识和本人的兴趣爱好，自己动手添加。

知道基本的编程技术，会为你将来进行选择以及施展抱负起到至关重要的作用。

——［美］马克·扎克伯格

# 第十二章
# 水果店的收银员

小朋友们是不是经常跟着爸爸、妈妈到水果店买水果啊？多吃水果可以补充维生素，希望小朋友们经常吃水果。今天我们做一个水果店收银员的游戏。通过这个游戏，我们可以学到如何使用列表，我们的编程能力会得到进一步提高。

## 1. 设计店铺

在 Scratch 的素材库里，我们找一个小房间，比如找 Witch House（女巫的房子）。女巫的房子里有只猫，猫不会偷吃水果，倒是可以防止老鼠来偷水果。（如下图所示）

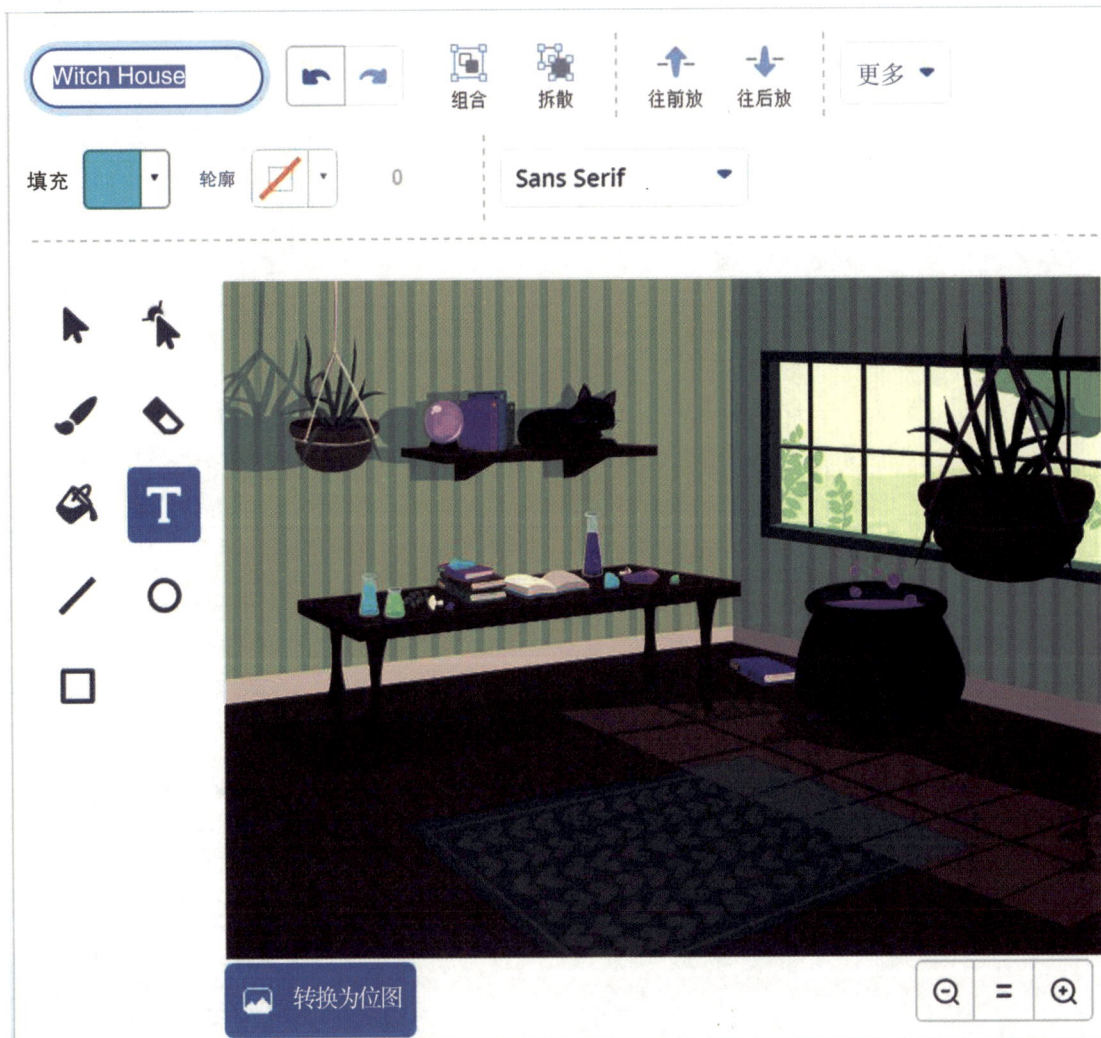

## 2. 摆上水果

在 Scratch 素材库里添加角色"苹果""西瓜""香蕉""橘子""草莓",并给每种水果标上价格。(如右图所示)

## 3. 添加列表"水果清单"

在代码区点击"建立一个列表",在对话框中输入"水果清单"并点击确定,一个名为"水果清单"的列表就在舞台区生成了。建立这个列表的目的,是让购买的东西显示在清单里。(如左图所示)

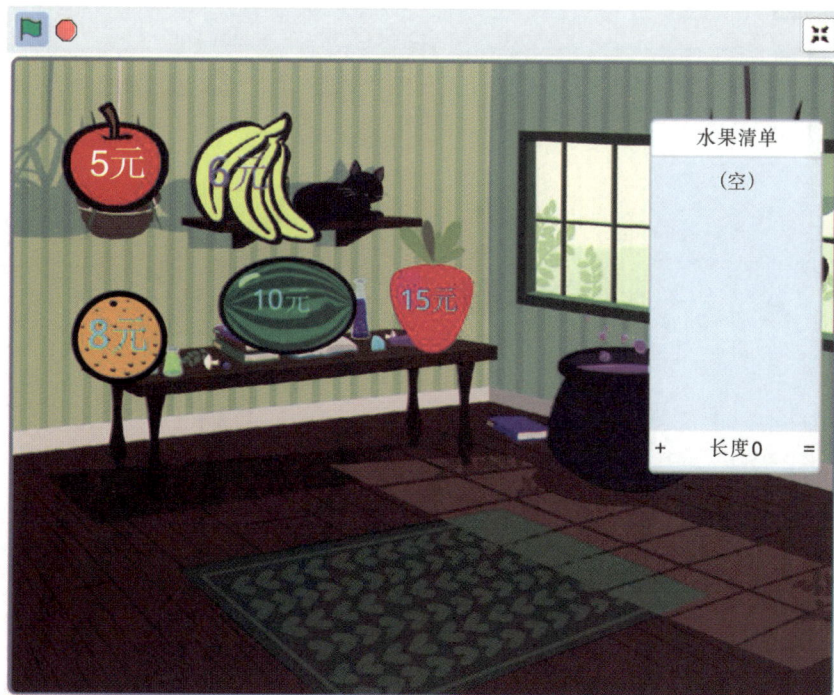

每个人都应该学习编程,因为它教你如何思考。

——苹果公司创始人史蒂夫·乔布斯

## 4.建立一个变量"总价"

设置变量"总价",是为了统计购买的所有水果的总钱数。建立变量的方法已经学过多次,想必小朋友们都很熟悉了,这里就不重复了。

## 5. 制作一支扫码枪

Scratch 素材库里没有角色"扫码枪",我们就自己画一个吧。扫码枪有两种造型,如下图所示:

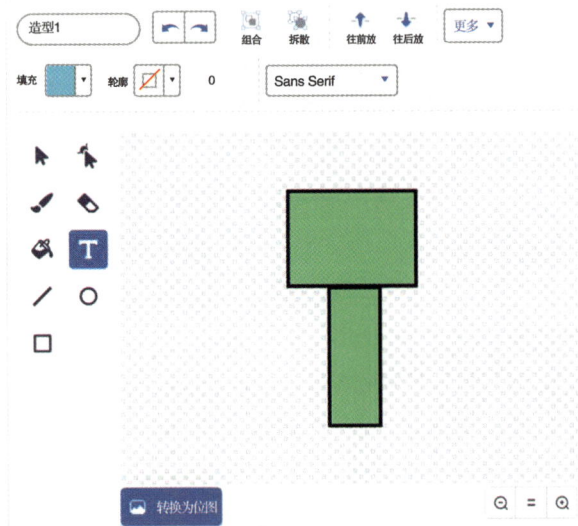

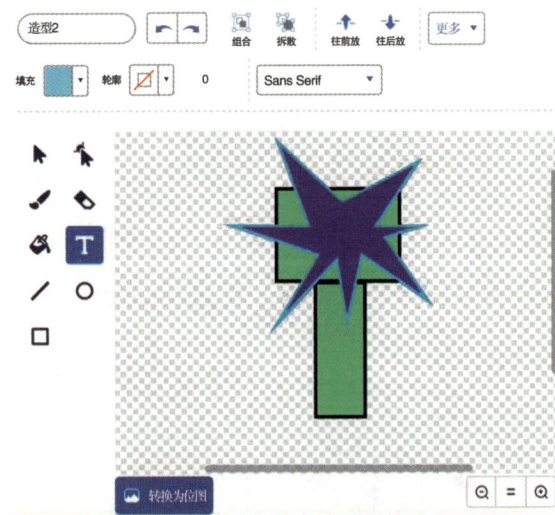

第二个是发光的造型。

## 6.为扫码枪添加代码

扫码枪的代码如下图所示：

这组代码的含义是：游戏开始时，扫码枪要移到舞台的最前面，防止被其他角色遮挡，同时将变量和列表清零，以便于重新统计。后面是一个重复执行的代码，是为了跟随鼠标移动，并在按下鼠标时变换造型并发出声音。

## 7. 为水果添加代码

　　水果除了价格不同外，代码的内容都是一样的。以苹果的代码为例：

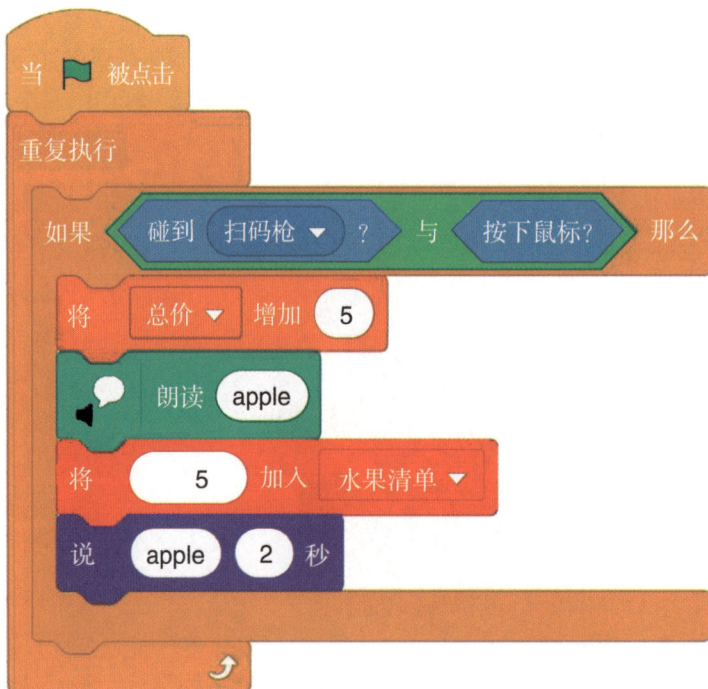

　　现在我们看一下角色"苹果"的代码：如果角色"苹果"碰到扫码枪，并且按下鼠标，那么变量"总价"的数值将增加 5，英文朗读"apple"，并将苹果 5 元加入列表"水果清单"，用文字说"apple"。这个过程是可以重复执行的，也就是说，可以对角色"苹果"多次扫码而不受限制。

将此代码复制给其他角色，并修改相应的价格，就可以启动游戏了。（如右图所示）

扫码枪对准任何一种水果按一下，那种水果的名称就会出现在水果清单里，相应的价格也会被累计出来，出现在总价里，而且收银员还会用英语报出水果的名称。

**特别提示**：因为本游戏涉及英语语音的播放，因而需要借助美国麻省理工学院的计算机云服务，所以请在使用时将计算机接入互联网。

**小贴士**

**"或"和"与"的区别**

或　　　与

这两个符号看似相同，其实差别很大，小朋友们一定要认真识别。

"或"代码的含义是，两者只要有一个就可以，比如老师说："小明或小华来一个帮我拿图书。"这是什么意思呢？其实就是小明和小华两个同学中来一个人就可以了，不必两个人都去。"或"代码的含义也是如此，这两个条件中，只要有一个满足就可以了。

"与"代码的含义则不同，比如老师说："小明和小华来帮忙搬桌子。"这就表示小明和小华都要来。也就是说，"与"的代码含义就如同"和"，必须两个条件同时具备，同时满足，缺一不可。

知道基本的编程技术，会为你将来进行选择以及施展抱负起到至关重要的作用。

——［美］马克·扎克伯格

# 第十三章
# 英语听力训练器

学外语最关键的是要听得懂，如果听不懂，对起话来必然笑料百出，所以说外语听力训练至关重要。我们可以做一个外语听力训练器，帮你练好外语听力。

本章我们要做的这个听力训练器是英语的。如果需要，小朋友们可以在此基础上调整成其他语言的，比如俄语、日语等。

这个英语听力训练器有这样几个优点：一是既可以训练听单词，也可以训练听语句；二是单词和语句可以批量增删，更新十分方便；三是只需添加英文单词或语句，发音和翻译都由训练器自己添加；四是随机挑选词并读出来，训练效果好。

下面我们开始制作。

## 1. 添加游戏角色和背景

角色 1 小猫继续保留，其身份为出题老师。

角色 2 为添加单词的按钮，使用 Scratch 自带的绘图板画一个。（如右图所示）

角色 3 为删除单词的按钮，角色 4 是收起列表的按钮。这两个按钮都可以使用角色 2 来复制，更改上面的文字即可。

角色 5 是个小精灵，角色 6 是一只鹦鹉，角色 7 是机器人。这三个角色均取自 Scratch 自带的素材库。

背景使用了 Scratch 的音乐会舞台。

计算机普及要从娃娃抓起。

——邓小平

将以上角色按照右图所示排列方式布置在舞台上。

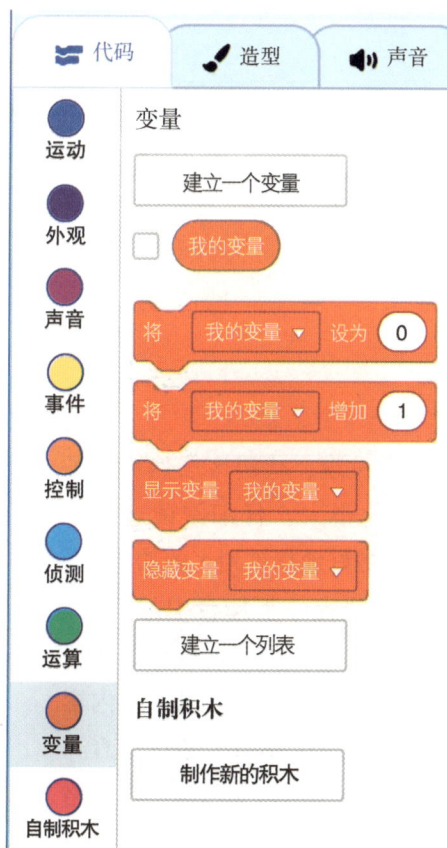

**代码**   造型   声音

变量

建立一个变量

☐ 我的变量

将 我的变量 ▾ 设为 0

将 我的变量 ▾ 增加 1

显示变量 我的变量 ▾

隐藏变量 我的变量 ▾

建立一个列表

**自制积木**

制作新的积木

运动 外观 声音 事件 控制 侦测 运算 变量 自制积木

## 2. 建立"英文单词"列表

我们要在这款游戏里设置一个存储单词的列表。前面已学习过使用列表的方法，在这里我们可以更加细致地学习。首先看一下建立列表之前的代码区。（如左图所示）

以上的代码区里，建立列表的按钮右方是空白的。我们在右面建立列表"英文单词"。（如右图所示）

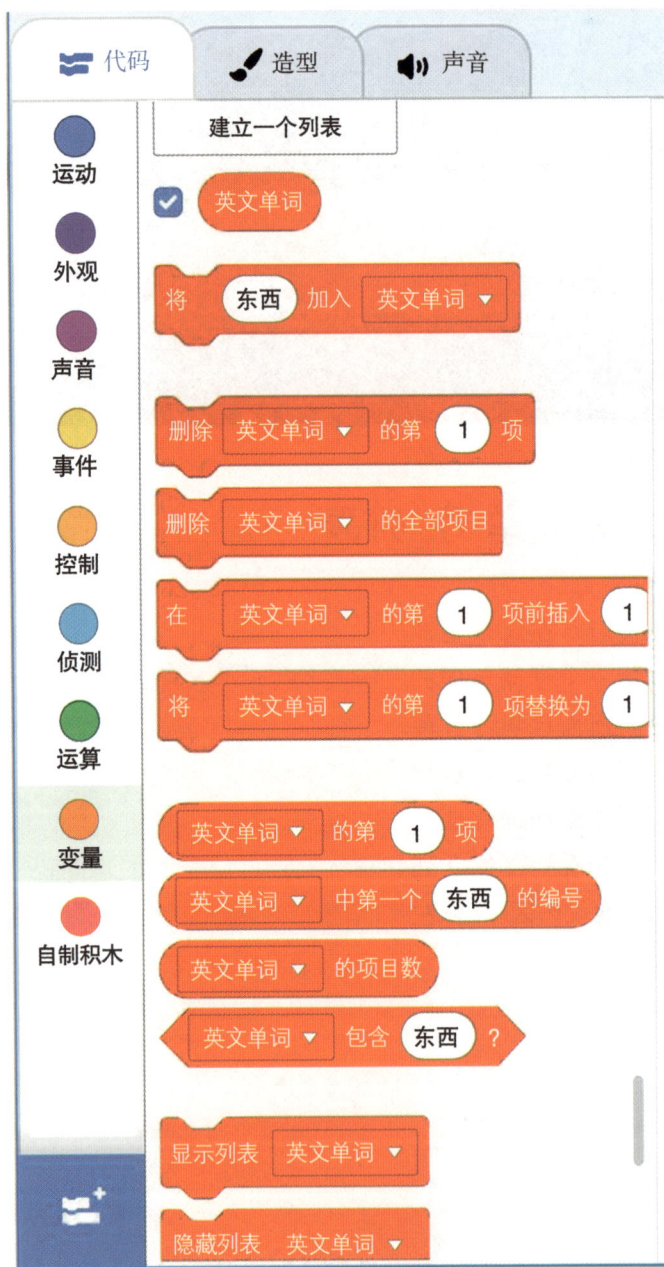

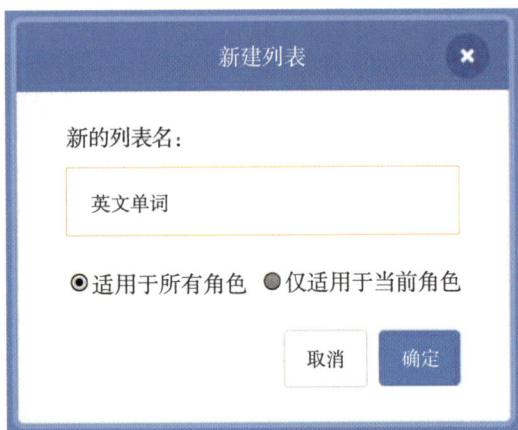

**新建列表**

新的列表名：

英文单词

◉适用于所有角色　◯仅适用于当前角色

取消　确定

这时我们再看代码区的新变化。（如左图所示）

**代码**　　**造型**　　**声音**

建立一个列表

☑ 英文单词

将 东西 加入 英文单词 ▼

删除 英文单词 ▼ 的第 1 项

删除 英文单词 ▼ 的全部项目

在 英文单词 ▼ 的第 1 项前插入 1

将 英文单词 ▼ 的第 1 项替换为 1

英文单词 ▼ 的第 1 项

英文单词 ▼ 中第一个 东西 的编号

英文单词 ▼ 的项目数

英文单词 ▼ 包含 东西 ？

显示列表 英文单词 ▼

隐藏列表 英文单词 ▼

运动
外观
声音
事件
控制
侦测
运算
变量
自制积木

前后比较会发现，代码区居然增加了12行代码，变化很大。仔细阅读这些代码，有助于我们更好地拓展列表的功能。

我们还可以研究一下舞台中的列表，列表的左下角有个加号"+"，点击这个加号，列表就给我们生成一个可以录入内容的单元格，点击这个单元格，还可以看到一个乘号"×"，表示可以删除这个单元格的内容。

编程已成为一项基本技能，每个人都应该学会。

——[美]马克·扎克伯格

用鼠标右键点击列表，可以调出输出及输入数据的菜单。（如右图所示）

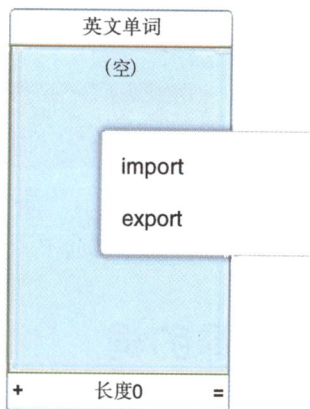

```
英文单词
(空)


    import

    export



+        长度0        =
```

```
英文单词.txt - 记事本
文件(F)  编辑(E)  格式(O)  查看(V)  帮助(H)
a
an
afternoon
and
arm
apple
autumn
bag
basketball
be
bed
big
bike
bird
black
blue
book
boy
bus
but
```

使用以上菜单，可以将纯文本格式的数据批量地输出、输入。在这个游戏里，可以借助这一功能，将大量 TXT 格式的英文单词一次性输入到列表里。输出和输入的格式如左图所示。

## 3. 随机选词的设计

所谓随机选词，就是在"英语单词"列表中随机选出一个单词。在以前，我们选随机数的程序都很简单，因为那时随机数的总量是不变的。比如我们选 1 到 20 的随机数，总数 20 是不变的。这个游戏就不同了，因为游戏允许随时添加或删除列表里的单词，因而这个单词量的总数是随时变化的。为了解决这个问题，我们必须使用新的代码。（如左图所示）

```
英文单词 ▼  的项目数

在  1  和  3  之间取随机数

英文单词 ▼  的第  1  项
```

很显然，上图中的第一条和第三条代码是在有了"英文单词"列表之后产生的。把三条代码嵌套在一起，就变成了这样：

> 英文单词 的第 在 1 和 英文单词 的项目数 之间取随机数 项

我们要选的英文单词是在"1"和列表中的"英文单词的项目数"之间取随机数，这样就可以保证新加进去的单词也有机会被选中。

## 4. 保存被选择的词

被随机选择的词要使用，必须有个地方存放。存到哪里呢？只有存在变量里。因此需要新建一个变量"选择的词"，将这个词放到变量里。怎样放进去呢？请看代码：

> 将 选择的词 ▼ 设为 英文单词 的第 在 1 和 英文单词 的项目数 之间取随机数 项

其实就是用一条代码把变量"选择的词"设为随机选取的词。
在这段时间里，变量里就会一直保存着这个词，直到下一次设定。

## 5. 使用被选择的词

这个游戏的全部过程就是选择单词和使用单词。选出的词被放进了变量，下一步就是如何使用变量了。

我们先来看看游戏过程中对这个选出的词要做些什么。

　　a. 角色"小猫"使用它提问；

　　b. 游戏者答错时，"小猫"还要用它继续问；

　　c. 角色"鹦鹉"用它复读；

　　d. 角色"机器人"用它翻译；

　　e. 角色"小精灵"用它显示英文。

我们看看右面代码中使用它们的情况。

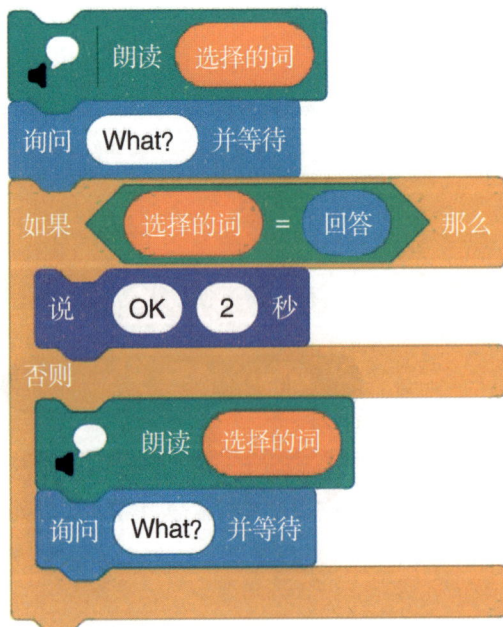

先看小猫：

> 朗读 选择的词
> 询问 What? 并等待
> 如果 选择的词 = 回答 那么
> 　说 OK 2 秒
> 否则
> 　朗读 选择的词
> 　询问 What? 并等待

　　小猫使用了三次，两次朗读一次判断。这个判断代码我们以前学过，小朋友们一定很熟悉了。朗读是使用美国麻省理工学院的计算机云服务器提供的英语发音，不需要我们提供录音。这个云服务器提供多种语音供选择。（如右图所示）

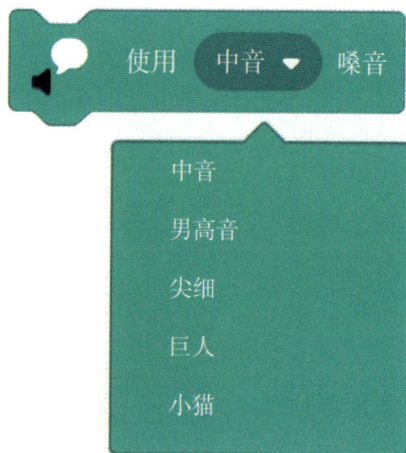

　　鹦鹉的应用代码是：

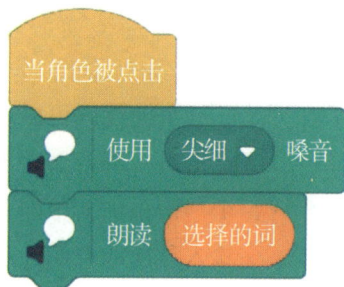

　　鹦鹉的使用很简单，就是当被点击时，它会朗读"选择的词"，目的是让没听清的小朋友多听几遍。

　　机器人的应用代码是：

　　当机器人被点击时，它会将"选择的词"由英语翻译成中文简体。这部分功能也是由美国麻省理工学院的计算机云服务器提供。

　　小精灵的应用代码是：

　　小精灵代码的使用也很简单，当角色被点击时，它会把"选择的词"用文字气泡显示出来。

知道基本的编程技术，会为你将来进行选择以及施展抱负起到至关重要的作用。

——［美］马克·扎克伯格

# 6. 添加和删除单词功能

本游戏可以批量输入和删除单词，也应该允许随时添加和个别删除。我们要给游戏设置上添加和删除按钮，来满足这种需求。

首先设置添加单词的代码。（如右图所示）

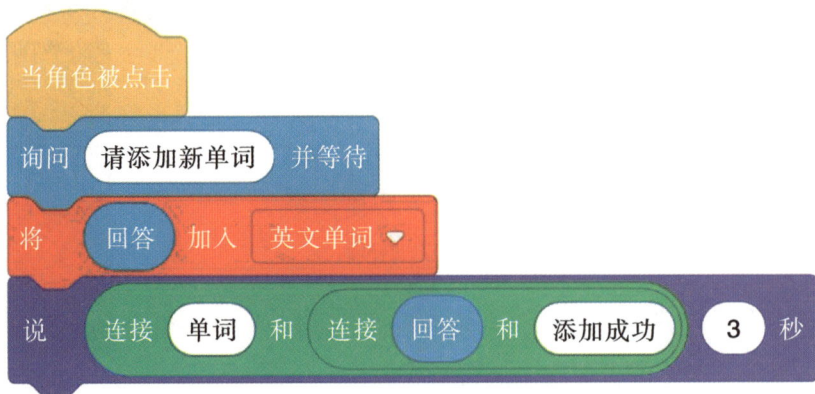

由此代码可以看出，当添加单词的按钮被点击时，舞台上会出现一个对话框，并发出一个"请添加新单词"的文字气泡。这时你只要输入添加的单词并点击确定，新单词就会被存进"英文单词"列表，同时会出现一个"单词*** 添加成功"的文字气泡。

删除单词需要另外一种办法：把"英文单词"列表显示出来，在对话框输入拟删除单词在列表里的序列号，点击确定即可。（代码如左图所示）

该删的词删除后，"英文单词"列表还在舞台上；因此，还需要一个收回列表的按钮，并设置相应的代码。（如下图所示）

计算机普及要从娃娃抓起。

——邓小平

## 7. 完善小猫的代码

　　我们给小猫的任务是：随机读出一个英文单词，如果答对，就告知答对了，并自动开始提问下一个单词；如果答错了，就继续读，再次问，直到答对为止。为了实现这部分功能，我们为小猫设置了如下代码：

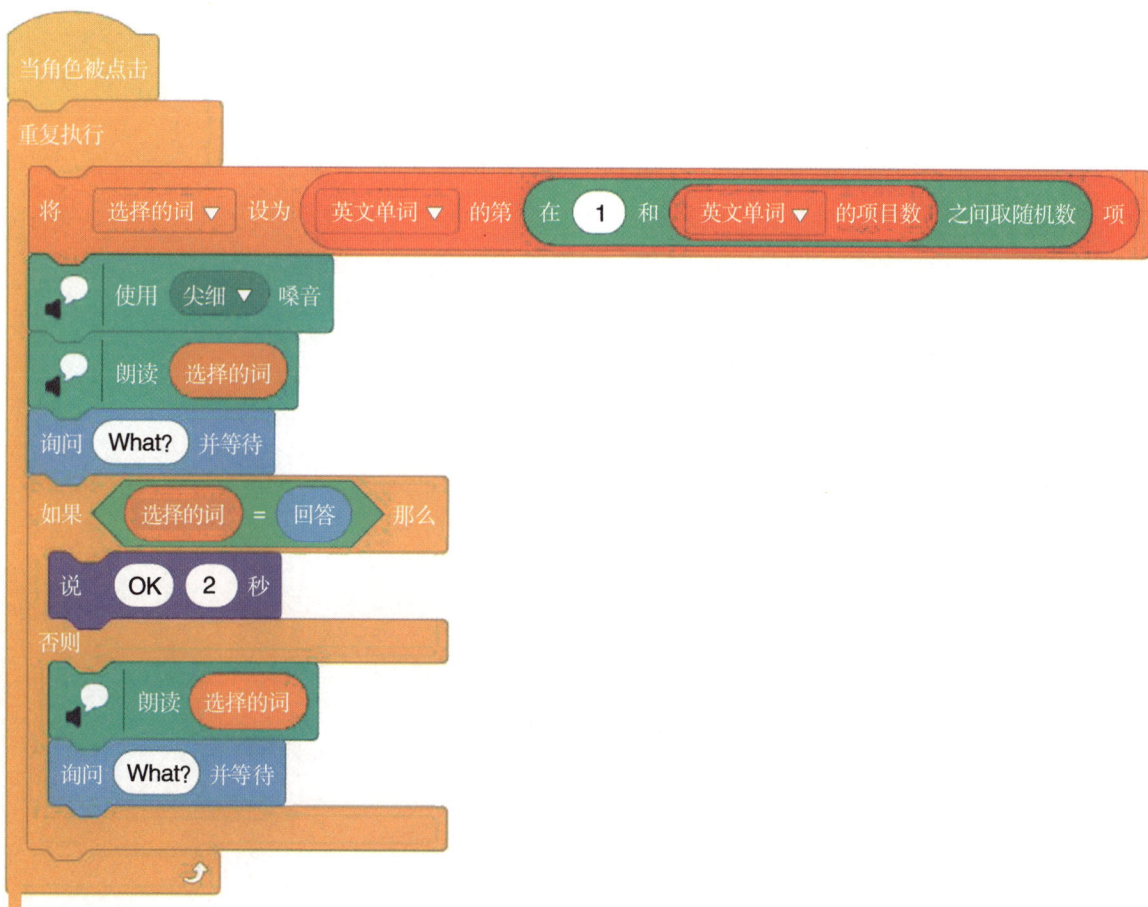

```
当角色被点击
重复执行
  将 选择的词 设为 英文单词 的第 在 1 和 英文单词 的项目数 之间取随机数 项
  使用 尖细 嗓音
  朗读 选择的词
  询问 What? 并等待
  如果 选择的词 = 回答 那么
    说 OK 2 秒
  否则
    朗读 选择的词
    询问 What? 并等待
```

# 第十四章
# 再走迷宫

上次我们设计了一个迷宫游戏，要求老鼠不能越轨。这次我们再设计一种迷宫，要求老鼠不能穿墙而过，同时也学习一下用鼠标控制角色运动时如何防止穿墙的知识，了解其工作原理，并应用到今后的游戏创作中。

## 1. 产生迷宫图

Scratch 自带的素材库里没有迷宫图，我们可以画一个，也可以从网上下载一个。

建议使用网址：http://www.mazegenerator.net/。

打开网页后，可以看到右图所示界面：

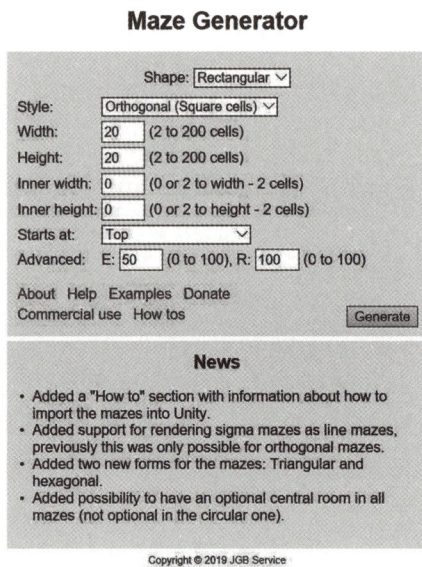

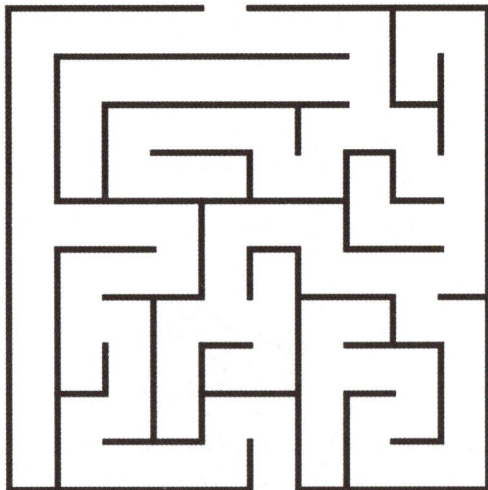

该软件可以设置 2—200 个行列数，默认 20 个行列。我们可根据需要设置迷宫的行数和列数。

我们可以设置 10 个行列，将生成的迷宫使用 PDF 格式下载，然后转成 PNG 格式，编辑成合适的大小。（如左图所示）

利用背景的上传功能将迷宫设为背景，即完成迷宫的制作。这里需要强调一点，迷宫的线段必须边缘整齐，色界分明，否则可能无法完成游戏功能。

## 2. 添加老鼠和甜麦圈

如同上次走迷宫游戏一样，我们仍然使用老鼠和甜麦圈作为角色，并将其摆在入口和出口处。（如右图所示）

## 3. 用鼠标操纵老鼠

让老鼠听从键盘上下左右方向键的调动。对此，小朋友都比较熟悉了。（如右图所示）

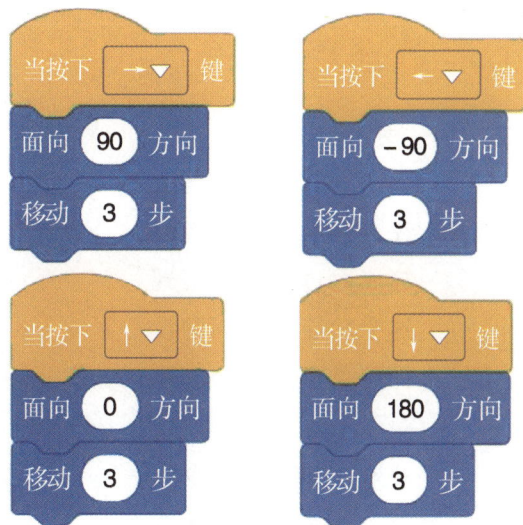

## 4. 让老鼠识别墙壁

让老鼠能够识别墙壁，就是让老鼠具备侦测能力。从侦测组找到"碰到颜色（　）?"，使用颜色设定中的吸管，从黑色墙壁上吸取颜色。（如右图所示）

老鼠只要使用这个侦测代码，就可以识别墙壁。

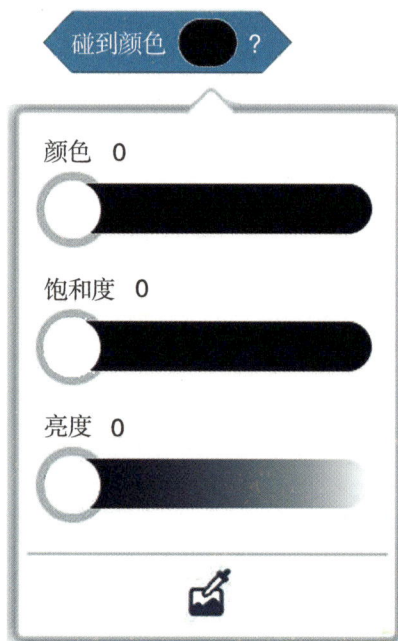

## 5. 防止老鼠穿墙

本游戏的关键所在，是如何防止老鼠穿墙而过。为了实现这个功能，我们的设计思路是这样：如果角色遇到了墙的颜色，就要让前进的命令失效。那么，怎样才能让前进命令失效呢?

根据以往的经验，我们可以考虑这样设计。（如右图所示）

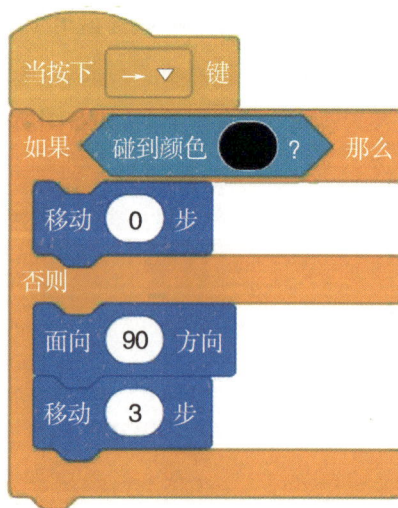

经过实际操作，这样确实可以防止老鼠穿墙，但是新的问题来了，当使用其他方向键操作时，老鼠却不动了。经仔细观察，老鼠已经接触了墙壁。根据设计的程序，接触了墙壁移动的步数就要为"0"，所以老鼠就会停在那里，不再移动。

为此，我们需要把设计思路改一下，改成移动在前判断在后，一旦碰到墙壁，就让它退回来。（代码如右图所示）

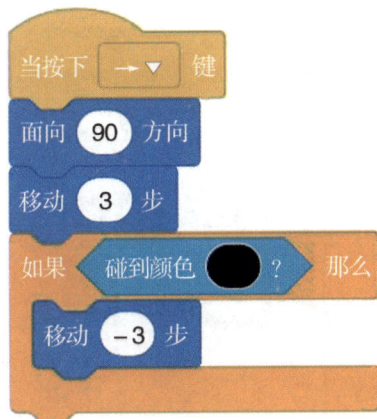

如经过测试效果不错，就把各个方向的运动都设计成这种代码。

剩余部分就是使用方向键，让老鼠走过迷宫，到达甜麦圈的位置。当老鼠接触到甜麦圈时，就可以宣布成功了。后面的部分我们已做过很多次，这里就不再重复了。小朋友们发挥自己的想象力和创造力，独立设计一个游戏结尾吧！

我的创意

知道基本的编程技术，会为你将来进行选择以及施展抱负起到至关重要的作用。
——［美］马克·扎克伯格

# 第十五章
## 打地鼠

几乎每本 Scratch 书都有打地鼠的内容，虽然这个游戏制作起来并不复杂，也没有太多新知识，但是小朋友们自己制作起来还是有一定的难度。我们一起来学习一下。

## 1. 制作一个背景

下图中的照片是老师在公园里用手机拍的。希望小朋友们今后也能自己用相机或者手机拍一些照片，留作制作游戏的资料。注意不能随意使用网上下载的照片，因为那是别人创作的成果。

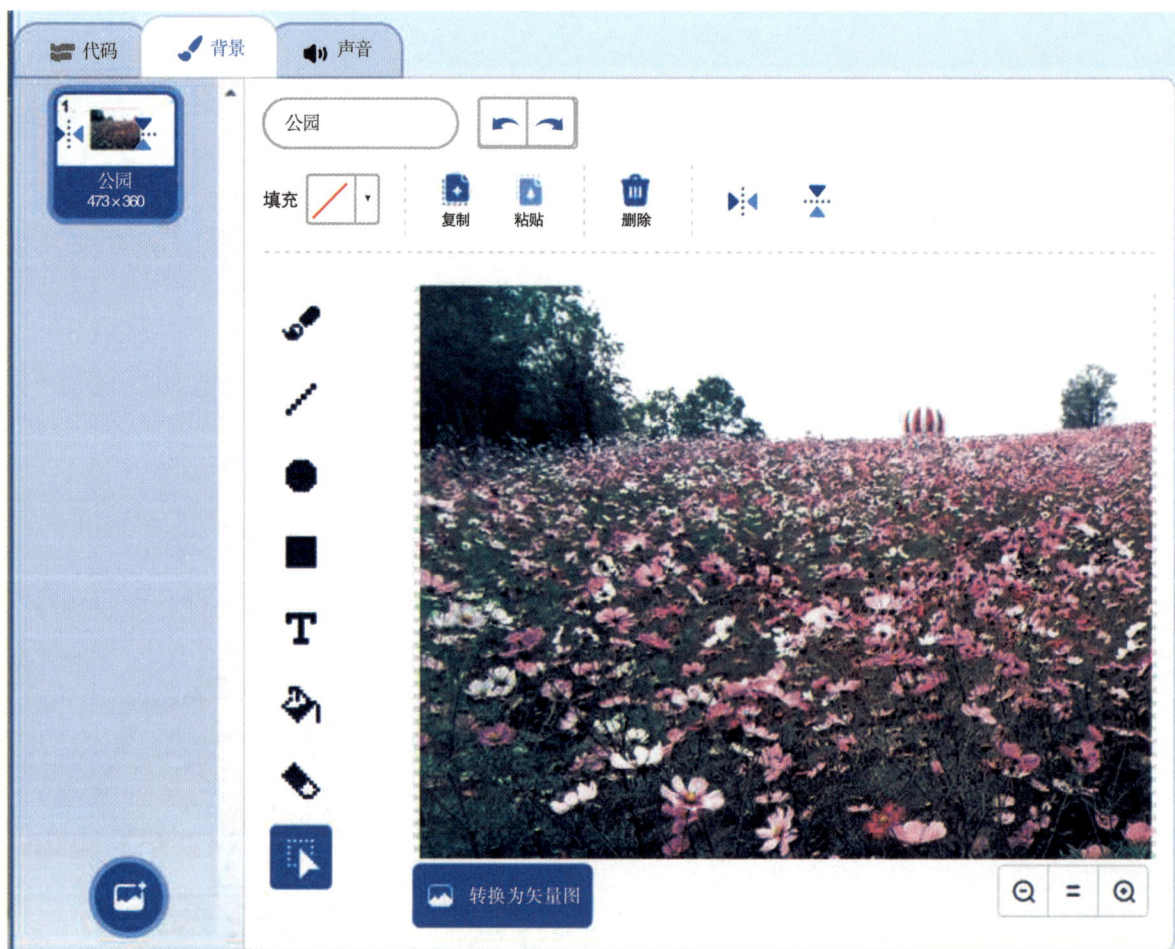

　　我们要在这张照片上挖九个洞，作为地鼠的出没口。请使用复制、粘贴的方法，确保九个洞大小一致。（如下图所示）

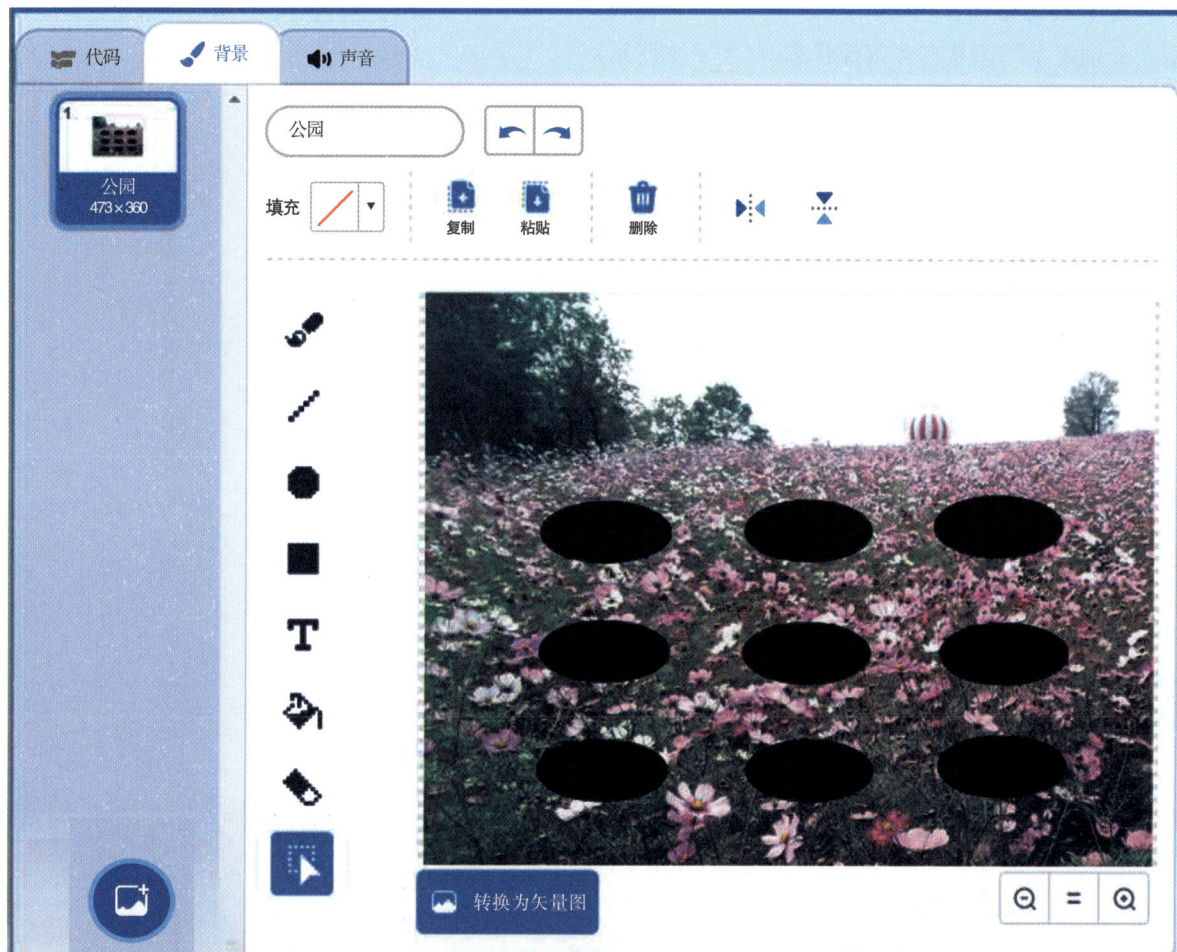

## 2. 制作地鼠

　　Scratch 自带的素材库中没有地鼠，但是有老鼠，我们就把老鼠拿过来改一下吧！

　　首先将老鼠逆时针旋转 90 度，然后将矢量图转换为位图，用工具栏的橡皮工具将老鼠的下半身擦去。（如右图所示）

　　地鼠的角色做好以后，不要急于复制，须等到代码编辑完成以后复制。

## 3. 制作锤子

为了避免著作权纠纷，还是自己画一个比较好。自己画也很简单，需要注意的是要画两个造型，分别表示举锤状态和落锤状态。（如下图所示）

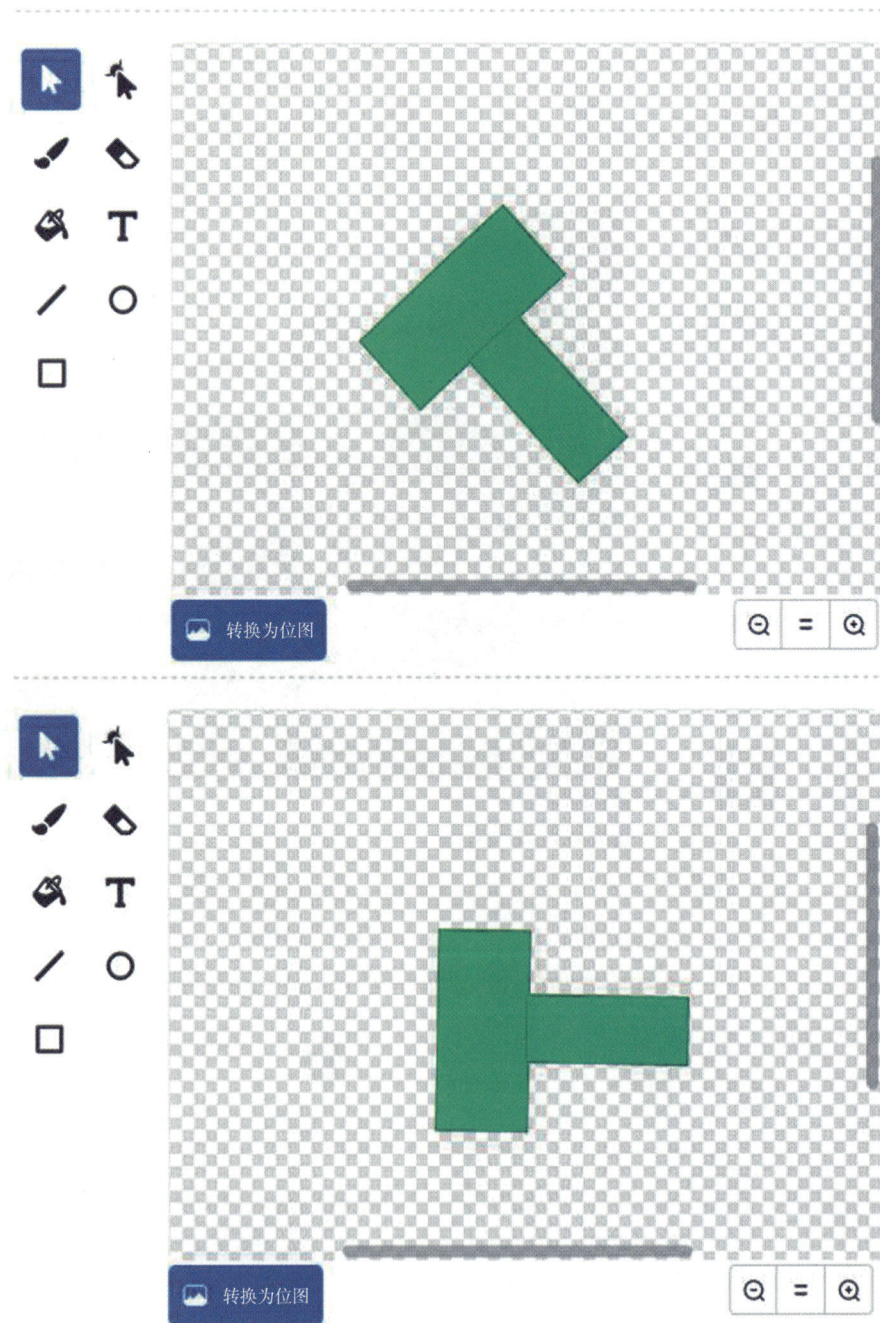

## 4.给地鼠编程

地鼠有两种变化。

一种是在洞口随机出现和隐没，根据这种变化的要求，我们为它设置相应的代码。（如右图所示）

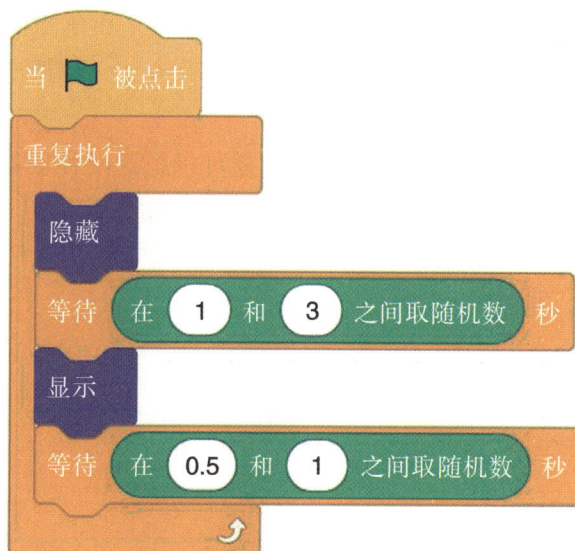

```
当 🏳 被点击
重复执行
    隐藏
    等待 在 1 和 3 之间取随机数 秒
    显示
    等待 在 0.5 和 1 之间取随机数 秒
```

另一种是地鼠被锤子击中时的变化。（代码如右图所示）

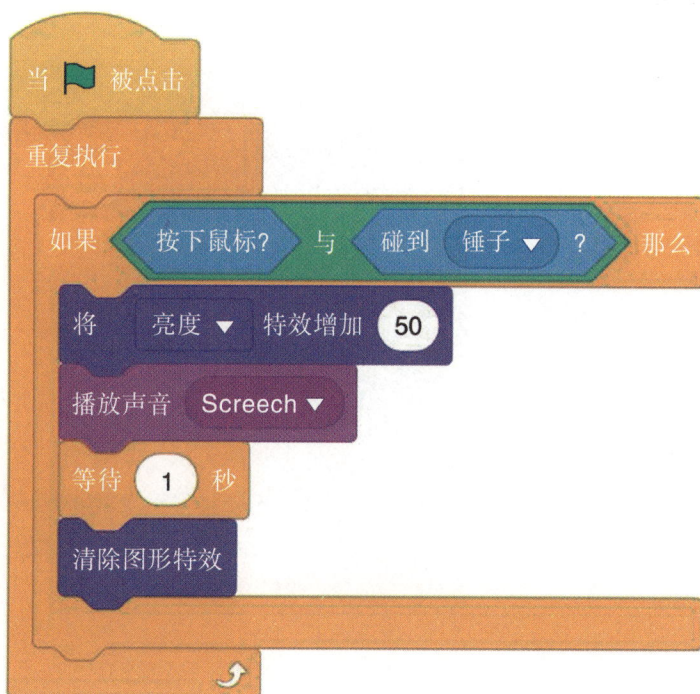

```
当 🏳 被点击
重复执行
    如果 按下鼠标? 与 碰到 锤子▼ ? 那么
        将 亮度▼ 特效增加 50
        播放声音 Screech▼
        等待 1 秒
        清除图形特效
```

以上代码使用了布尔代数的计算方法——（　）与（　）的计算方法，即两个条件必须同时满足，缺一不可。

我们还可以把这两种变化的代码合并在一起，使其更加简洁。（如下图所示）

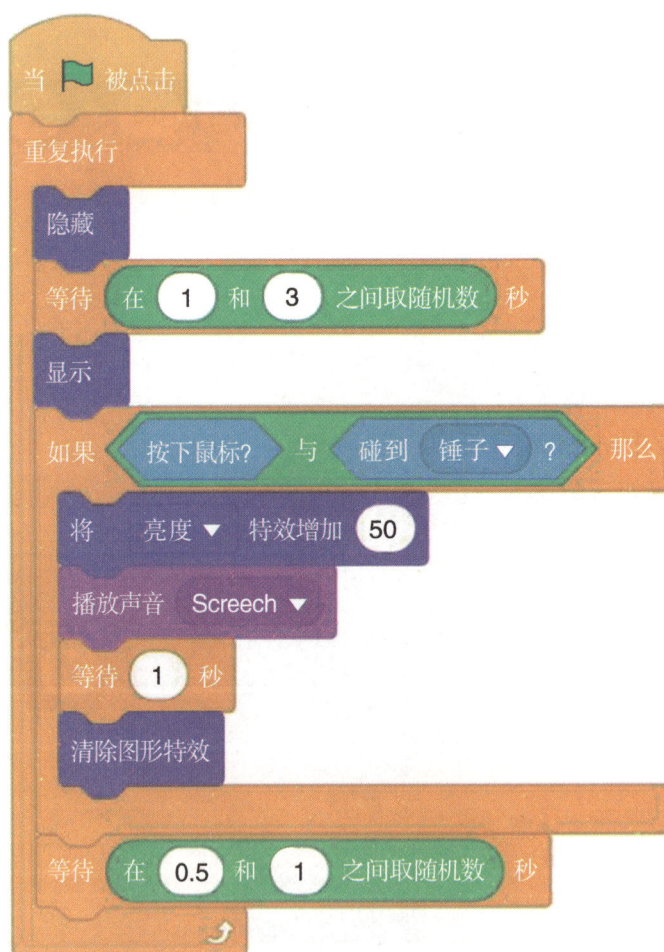

如此一来，地鼠的代码就编制完成了，下面可进行复制了。按照需要，复制 8 个，并把每一个都安放到各自的洞口上。（如右图所示）

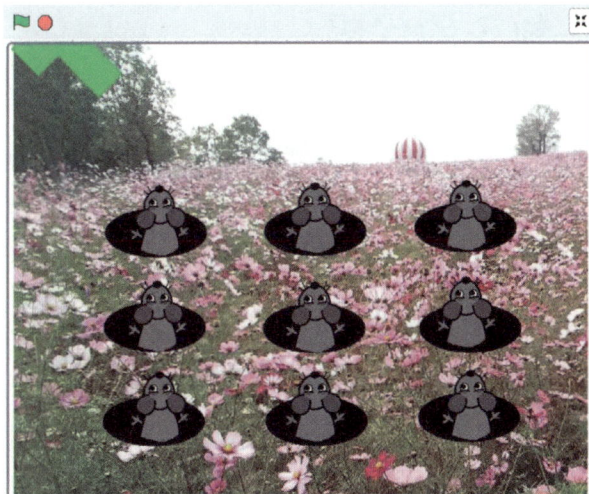

**小贴士**

**布尔代数**

布尔代数是 19 世纪英国数学家布尔创立的逻辑代数系统，目前在电子学、计算机硬件和软件方面得到了广泛的应用。简而言之，逻辑代数运算上分为 AND（与）、OR（或）和 NOT（非），其运算结果是 TRUE（真）和 FALSE（假）。使用 AND（与）运算时，如两个条件同时满足，则结果为 TRUE（真），否则就为 FALSE（假）；使用 OR（或）运算时，只要满足一个条件就为 TRUE（真），满足两个条件仍为 TRUE（真），两个条件中一个也没有满足则为 FALSE（假）；使用 NOT（非）运算时，输入为 TRUE（真），则输出为 FALSE（假），反之亦然。这些关系虽然抽象难懂，但却是很重要的知识，需要认真领会。

英国数学家布尔

或　　　　与　　　　非

## 5. 锤子的代码

锤子的动作比较简单，正常为举起锤子的状态，当按下鼠标左键时，锤子为落下的状态。（代码如下图所示）

小绿旗被点击后，锤子的第一个动作是移到最前面，避免被地鼠阻挡，然后使其跟随鼠标，并且当鼠标按下后，变换造型。

## 6.统计打地鼠的次数

为了提高娱乐性，还需要统计打地鼠的次数。要统计就要建立变量，这种方法大家应该比较熟悉了。

首先建立"打击次数"变量，然后给每一个地鼠的代码加上统计功能。（如右图所示）

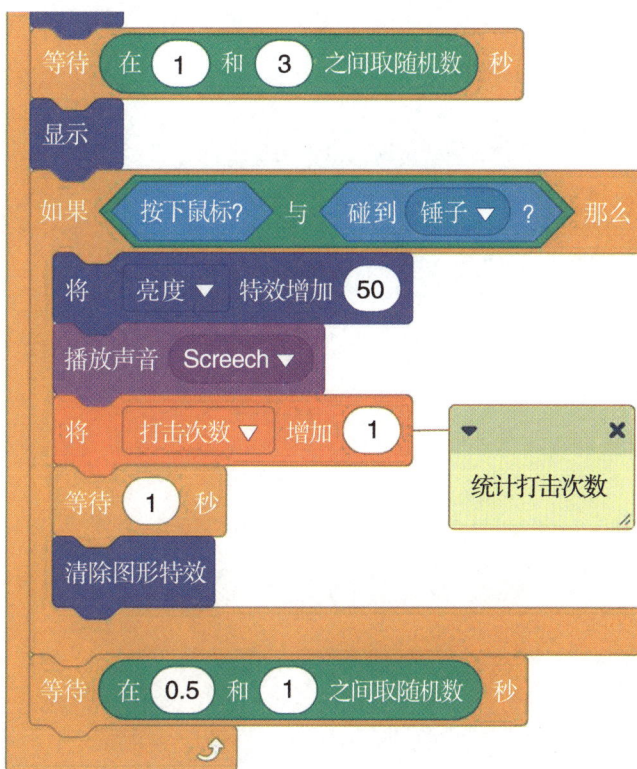

等待 在 1 和 3 之间取随机数 秒
显示
如果 按下鼠标? 与 碰到 锤子 ? 那么
　将 亮度 特效增加 50
　播放声音 Screech
　将 打击次数 增加 1
　等待 1 秒
　清除图形特效
等待 在 0.5 和 1 之间取随机数 秒

统计打击次数

## 7.设置定时器

设置定时器，是为了限定游戏时间，很多游戏都需要，而且功能要求基本一致。我们有必要熟悉一种计时模式，以便于使用。右图这个倒计时的计时器模块就很简洁实用。

当 ▶ 被点击
将 计时器 设为 60
重复执行 60 次
　等待 1 秒
　将 计时器 增加 −1
停止 全部脚本

每个人都应该学习编程，因为它教你如何思考。

——苹果公司创始人史蒂夫·乔布斯

# 第十六章
# 猜数游戏

熊哥代码

猜数游戏是让计算机出一个 100 之内的数字，让游戏者去猜，每猜一次，计算机会提示猜大了还是小了，然后游戏者根据提示尽可能用最少的次数猜出这个数字。这个游戏考验一个人的判断能力，也考验计算机的判断能力，因为它要判断你猜的数字和它给的数字之间的大小关系。这个游戏也可以培养我们熟练掌握使用判断代码的能力。

## 1. 把"被猜的数"装进容器

我们要记住，变量就是个容器，我们要把一个数字装到里面，供大家猜。这个 "被猜的数" 是从哪里来的？还是老办法，让计算机随机产生一个。其代码如下图所示：

有了这组代码，"被猜的数" 就装进了变量里，我们就可以猜了。

## 2. 建立一个问答的对话框

这个游戏需要通过问答来互动，所以要建立一个问答对话框。(如下图所示)

## 3.对得到的答案进行判断

我们回答的结果会有三种情况，一是大了，二是小了，三是答对了。计算机要对答案属于哪一种情况进行判断，并及时做出反应。针对三种情况，我们设置了三个"如果……那么……"代码组。（如右图所示）

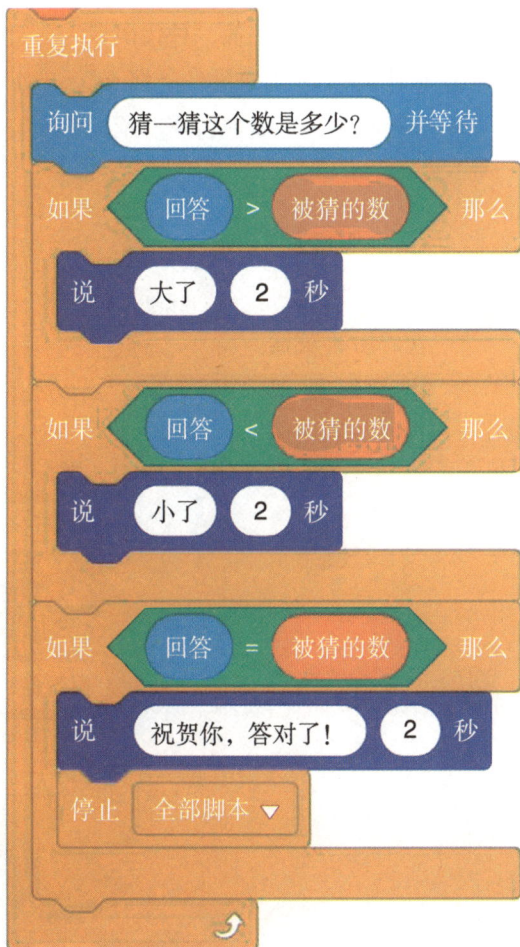

```
重复执行
    询问 [猜一猜这个数是多少？] 并等待
    如果 <(回答) > (被猜的数)> 那么
        说 [大了] (2) 秒
    如果 <(回答) < (被猜的数)> 那么
        说 [小了] (2) 秒
    如果 <(回答) = (被猜的数)> 那么
        说 [祝贺你，答对了！] (2) 秒
        停止 [全部脚本 ▼]
```

从以上代码中可以看出：如果"回答"大于"被猜的数"，那么要告知游戏者"大了"；如果"回答"小于"被猜的数"，那么要告知游戏者"小了"；如果"回答"等于"被猜的数"，那么就告知游戏者"祝贺你，答对了！"，同时停止游戏。

**不要只是玩手机，去编写它的代码。**

——美国前总统巴拉克·奥巴马

## 4.优化代码

上面三组判断代码，是否可以减少一组呢？其实是可以的，只不过我们要换一种代码，这个代码就是"如果……那么……否则……"。（如右图所示）

```
如果      那么

否则
```

使用这一代码后，就简化了编程语言。（如右图所示）

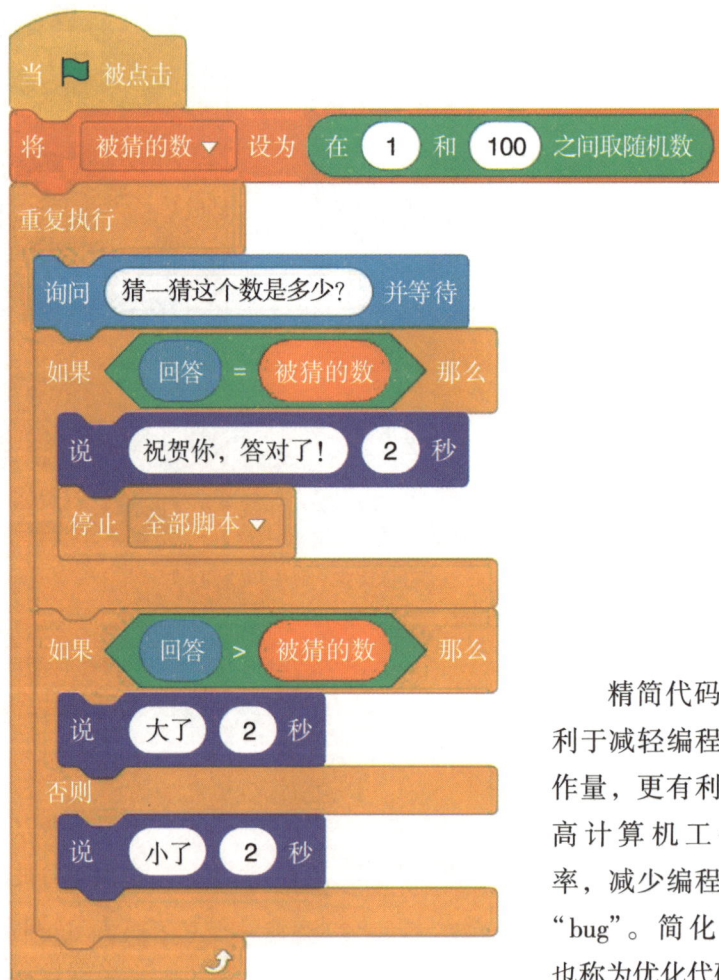

```
当 🏳 被点击
将 被猜的数 ▼ 设为 在 1 和 100 之间取随机数
重复执行
    询问 猜一猜这个数是多少？ 并等待
    如果 回答 = 被猜的数 那么
        说 祝贺你，答对了! 2 秒
        停止 全部脚本 ▼
    如果 回答 > 被猜的数 那么
        说 大了 2 秒
    否则
        说 小了 2 秒
```

精简代码既有利于减轻编程的工作量，更有利于提高计算机工作效率，减少编程中的"bug"。简化代码也称为优化代码。

编程可以帮助你更好地思考，创建一种在各个领域都非常有用的思维方式。

——［美］比尔·盖茨

**小贴士**

**bug**

英文单词"bug"的原意是昆虫，后来借用到计算机编程里面，泛指编程中的错误和漏洞。

由于编程人员的错误，计算机程序中也会出现一些错误，习惯上称之为"bug"。这些"bug"会对计算机的正常运行造成障碍。我们在编程中一定要养成严谨认真的好习惯，尽可能避免或减少"bug"的出现。

知道基本的编程技术，会为你将来进行选择以及施展抱负起到至关重要的作用。

——［美］马克·扎克伯格

# 第十七章
# 打字练习游戏

要想熟练使用电脑，就要过快速打字这一关。练好这一基本技能，将终身受益。在这个游戏中，我们将学会使用"克隆"代码，使游戏的角色变得丰富多彩。

## 1. 游戏的设计要求

本游戏要求 26 个英文字母随机出现在屏幕上，在该字母消失前，游戏者快速敲击相应的键盘，敲对一个得一分，敲不对不得分。本游戏一局共发出 100 个字母，水平最高的游戏者可以得到 100 分。

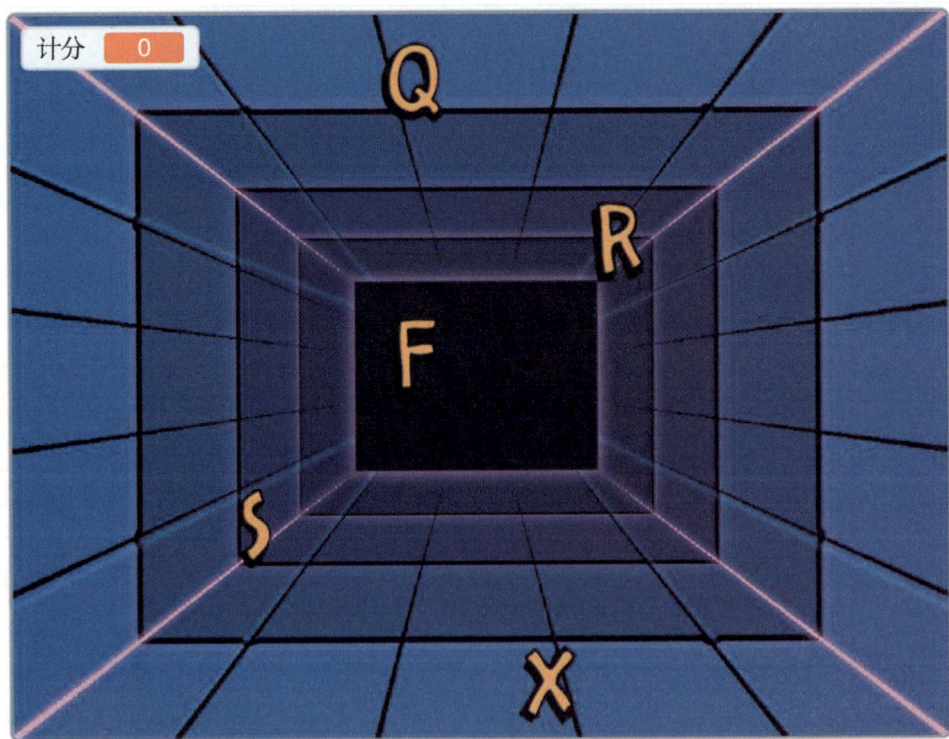

## 2. 角色的设计

　　这次角色的设计很有特点，就是角色只有一个，其造型却有26个。

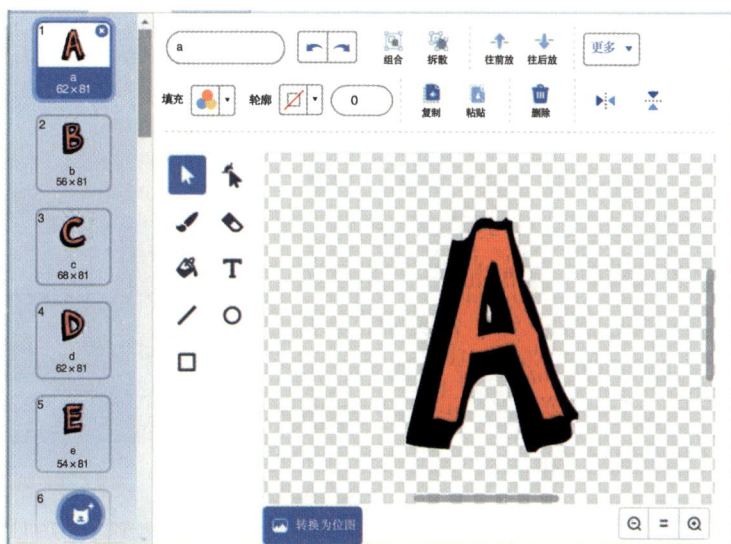

　　需要注意的是，要把每个造型的名字改成字母的名字，比如"B"造型的名字就是"b"，"D"造型的名字就是"d"，使其与键盘上的字母统一起来。

## 3. 第一组代码的研究

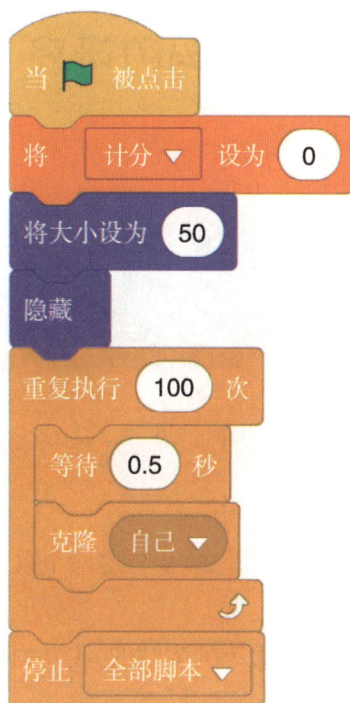

　　这组代码的前几行我们都比较熟悉了，让我们从"重复执行100次"开始研究。重复100次的目的是对角色克隆一百次。如果想增加或减少每次打字练习的时间，可以调整这个数字后的代码；如果想调整字母出现的频率，可以调整等待的时间。完成重复执行次数后，整个游戏结束。

## 4. 第二组代码的研究

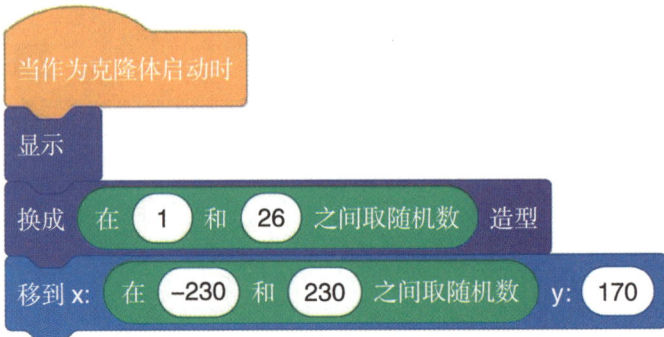

这组代码对克隆体的出现提出了要求。第一点要求是，要对26个英文字母的出现实现随机选取，每个字母的出现都是不确定的，而每次游戏出现的字母顺序也是不一样的。第二点要求是，在屏幕上方出现的位置是随机的，也就是说，坐标 X 的数值是随机的，而 Y 值却是不变的。

## 5. 第三组代码的研究

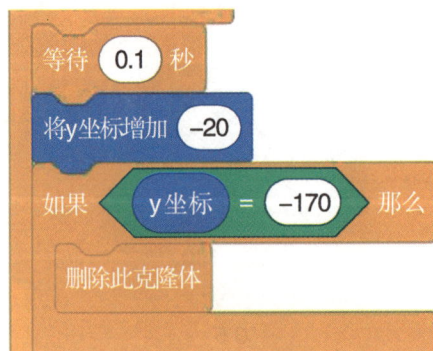

前两行代码表示，克隆体每经过 0.1 秒就沿坐标 Y 轴下降 20 步，这两个数字的调整可以影响克隆体的下降速度。

后面的代码表示，如果克隆体下降到舞台的底部，也就是在 Y 轴的 –170 的位置上，将删除此克隆体，那些没有被敲中的字母也就在这里消失了。

## 6. 第四组代码的研究

这组代码是一段完整的判断执行过程，判断条件是是否按下了与本克隆体造型名称相同的键。我们在添加字母造型时，已把每一造型的名称改为字母的名称。这一点十分重要，也是必需的，因为只有这样才能实现"按下造型名称键"的判断条件。当这一条件满足后，将给变量"计分"增加一分，播放声音"coin"，删除此克隆体。

```
如果  按下  造型  名称 ▼  键?  那么
    将  计分 ▼  增加  1
    播放声音  Coin ▼
    删除此克隆体
```

## 7. 全部的代码展示

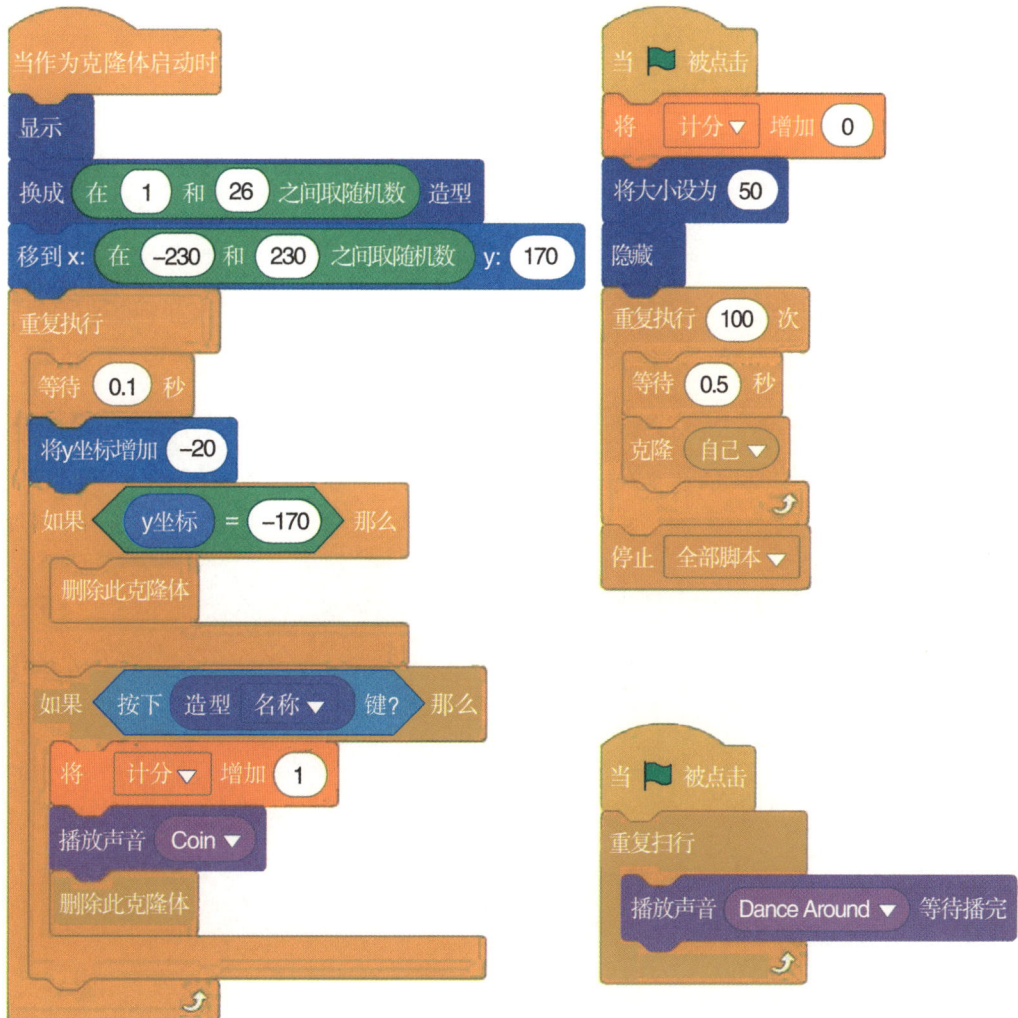

```
当作为克隆体启动时
显示
换成  在 1 和 26 之间取随机数  造型
移到 x: 在 -230 和 230 之间取随机数  y: 170
重复执行
    等待 0.1 秒
    将y坐标增加 -20
    如果  y坐标 = -170  那么
        删除此克隆体

    如果  按下  造型  名称 ▼  键?  那么
        将  计分 ▼  增加  1
        播放声音  Coin ▼
        删除此克隆体
```

```
当 ▶ 被点击
将  计分 ▼  增加  0
将大小设为 50
隐藏
重复执行 100 次
    等待 0.5 秒
    克隆  自己 ▼
停止  全部脚本 ▼
```

```
当 ▶ 被点击
重复执行
    播放声音  Dance Around ▼  等待播完
```

**不要只是玩手机，去编写它的代码。**

——美国前总统巴拉克·奥巴马

# 第十八章
## 炮打毒蜘蛛

自然界里有种毒蜘蛛，会对人造成伤害。我们这次就做一个炮打毒蜘蛛的游戏。

| 蜘蛛数量 | 10 |
| 发射角度 | 45 |
| 发射药量 | 10 |
| 炮击次数 | 1 |

## 1. 制作炮弹运动轨迹

编制这个游戏，首先要考虑的是炮弹运动轨迹。什么是炮弹运动轨迹呢？小朋友们可以这样想：为什么扔出去的球最终会落到地面上，而不是一直往天空中飞？是地球的吸引力让它们最终落到了地上。我们把球扔出去，最终落到地上，它在空中形成的这条曲线和炮弹的运动轨迹是一样的，而且这条曲线还有一个专有名字，叫作抛物线。

通过学习物理学的知识，我们知道抛物线是两条线叠加而成的，一条线是匀速直线运动，一条线是向下的直线加速运动。根据这个原理，我们可以编出相应的程序模块进行演示。

我们先做这样一个模块来观察效果。(如下图所示)

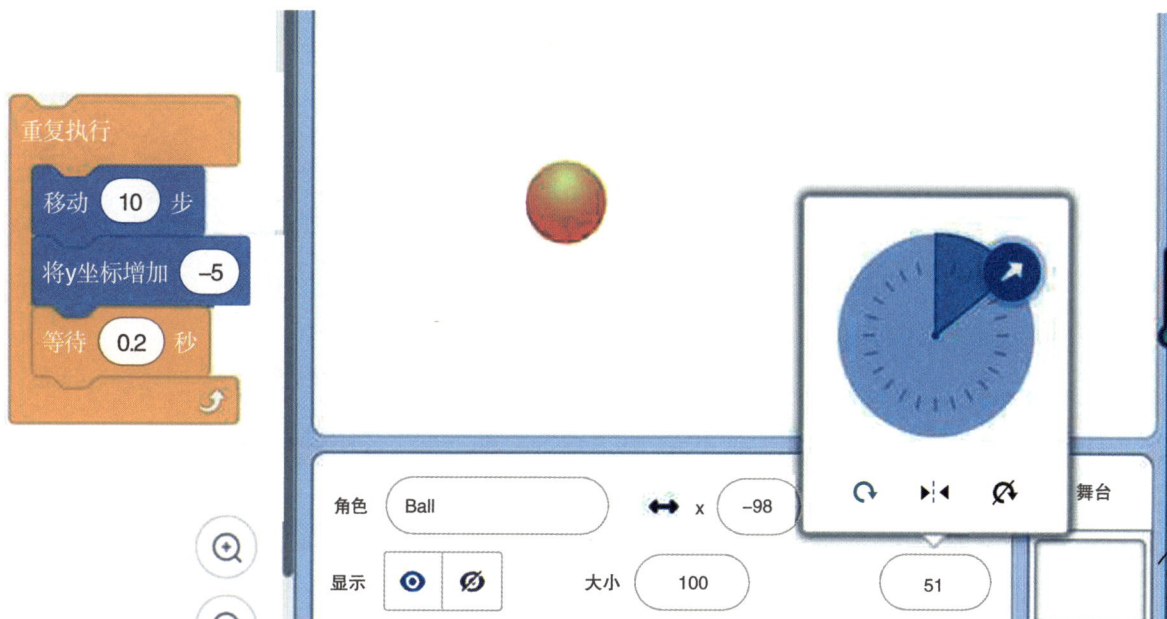

```
重复执行
    移动 10 步
    将y坐标增加 –5
    等待 0.2 秒
```

角色 Ball ↔ x –98

显示 ⊙ ∅    大小 100    51

我们用代码设计了两条运动轨迹，一条是斜上的匀速运动，一条是垂直向下的匀速运动。

经观察，这个程序模块的运动效果不够真实。这个程序模块虽然是两个方向运动速度的叠加，但因为都是匀速运动，所以效果不好。要想达到真实的效果，就得将下降的速度设为匀加速运动。根据这个要求进行了重新设计及调试，产生了以下代码模块：

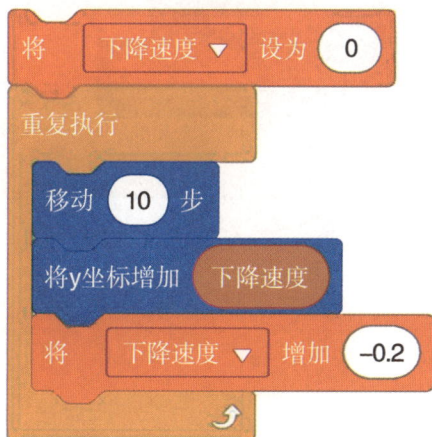

```
将 下降速度 ▼ 设为 0
重复执行
    移动 10 步
    将y坐标增加 下降速度
    将 下降速度 ▼ 增加 –0.2
```

这组代码的特点是，为下降速度设置了一个变量，代码每重复执行一次，下降速度就增加 –0.2。从其运行效果看，极为逼真地表现出了炮弹运行轨迹。

知道基本的编程技术，会为你将来进行选择以及施展抱负起到至关重要的作用。

——[美]马克·扎克伯格

**小贴士**

**自由落体实验**

　　古希腊思想家亚里士多德（前 384—前 322）曾断言：物体越重，下降速度越快；越轻，下降得越慢。这个断言历经 1900 多年没人敢质疑。直到 1589 年的一天，比萨大学的青年数学讲师伽利略来到比萨斜塔的顶端，在众人的见证下，将一个 100 磅的铁球和一个 1 磅的铁球同时抛下，结果是两个球同时落地，这说明物体下降的速度与重量无关，亚里士多德的断言被打破了。

　　现在人们知道物体的下降共同遵守一个自由落体定律，在地球表面是每秒 9.8 米的加速度。

## 2. 模拟大炮装药

　　炮弹发射时，炮兵要往炮膛中装发射药，并且要根据发射距离调整装药量，装药量越多，炮弹就发射得越远，装药量越少就发射得越近。我们需要一个模拟大炮装药的代码模块。

　　根据我们学到的知识，首先需要一个变量，这个变量是可以改变发射速度的。我们可以编制这样的代码。（如右图所示）

```
将 下降速度 设为 0
重复执行
    移动 发射药量 步
    将y坐标增加 下降速度
    将 下降速度 增加 -0.2
```

这个代码中的每次移动步数是随发射药量的多少而变化的。发射药量大，发射的步数就多，炮弹移动的速度也就越快；反之，炮弹移动的速度就越慢。如何改变这个变量中的数值呢？我们可以通过定义计算机键盘中的上下键来改变发射药量。（如右图所示）

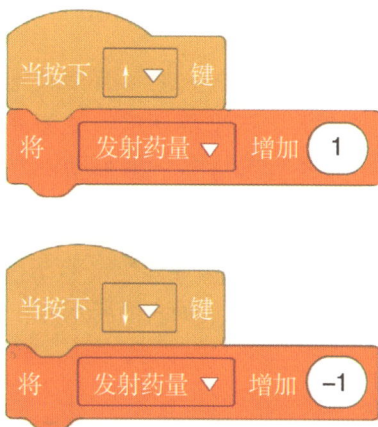

当按下 [ ↑ ▼ ] 键
将 [ 发射药量 ▼ ] 增加 [ 1 ]

当按下 [ ↓ ▼ ] 键
将 [ 发射药量 ▼ ] 增加 [ −1 ]

## 3. 设计大炮

现在有了炮弹，也解决了炮弹运动速度和轨迹的问题，下面就需要瞄准了。瞄准就要设计一门大炮，由于 Scratch 素材库里没有大炮，我们就自己画一个吧！（如下图所示）

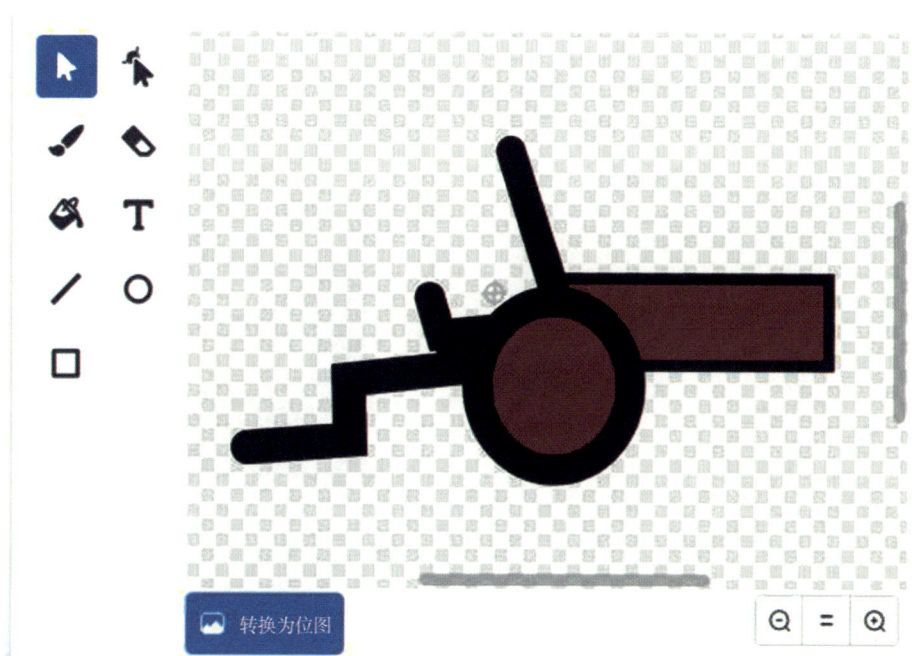

要使这门大炮具有调整炮
口方向来瞄准的功能，就要建
立一个新的变量"发射角度"。
我们可将初始时的发射角度设
为45度，使用计算机上的左右
键调整角度。（如右图所示）

当 ▶ 被点击
将 发射角度 ▼ 设为 45

当按下 → ▼ 键
右转 ↻ 1 度
将 发射角度 ▼ 增加 1

当按下 ← ▼ 键
左转 ↺ 1 度
将 发射角度 ▼ 增加 -1

然后设置大炮的
位置和它的朝向。代
码如右图所示：

当 ▶ 被点击
移到 x: -185 y: -144
面向 发射角度 方向
移到最 前面 ▼

此时大炮已经被安置到合适的位置，并可以随着左右键的按动来调整炮口的方向。（如下图所示）

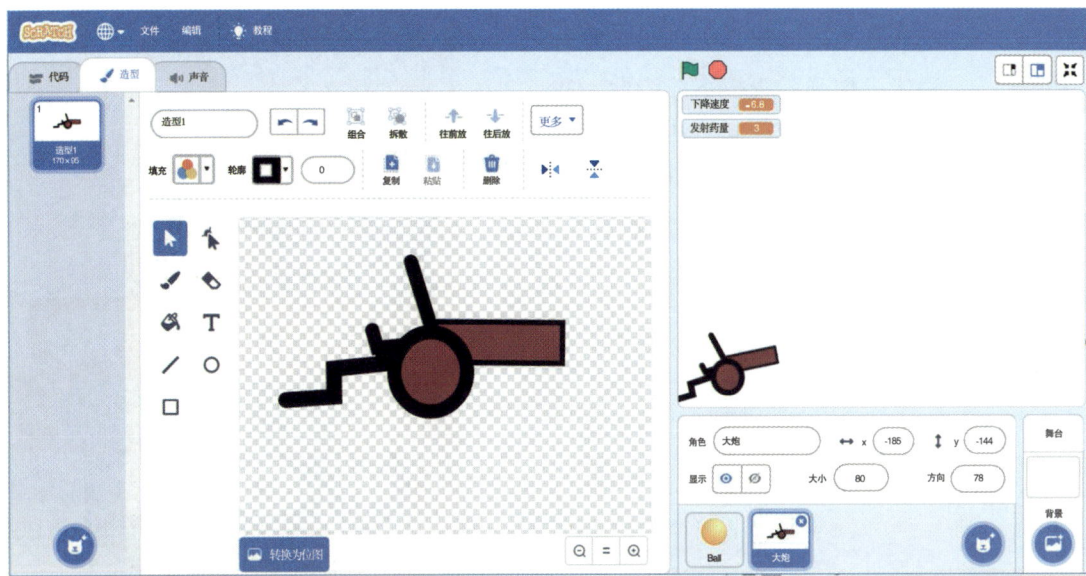

## 4. 把炮弹发射出去

有了大炮，下一步的任务就是把炮弹发射出去。我们首先将计算机键盘上的空格键定义为炮弹的发射键，并与炮弹运动轨迹代码组连接起来。（如右图所示）

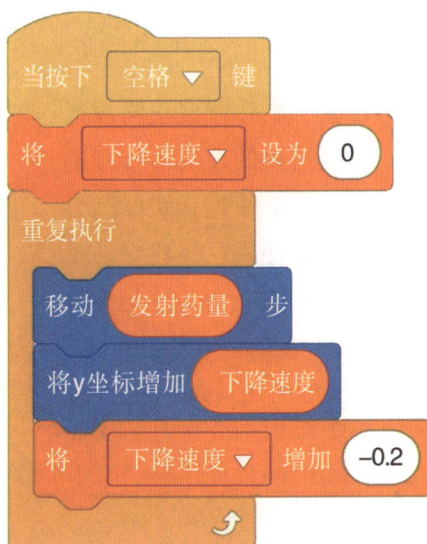

我们把发射药量设为"10"并进行测试，会发现，初始的运动状态不错，但是一旦碰到舞台边缘，炮弹就失控了。为此，我们还需要增加代码，让炮弹碰到舞台边缘就返回到发射点，并停止继续运动。（如右图所示）

```
当按下 空格▼ 键
将 下降速度▼ 设为 0
重复执行
    移动 发射药量 步
    将y坐标增加 下降速度
    将 下降速度▼ 增加 -0.2
    如果 碰到 舞台边缘▼ ? 那么
        移到 x: -183 y: -131
        停止 这个脚本▼
```

## 5. 让炮弹跟随炮口移动

目前，炮弹可以正常发射了，但是炮弹的发射不能跟随炮口转向。要使炮弹跟随炮口转向，就要使用已经建立的变量"发射角度"，并定义炮弹的发射方向与变量"发射角度"一致。添加的代码如右图所示：

```
将 下降速度▼ 设为 0
面向 发射角度 方向
重复执行
    移动 发射药量 步
```

使炮弹的发射角度与炮口方向一致

编程可以帮助你更好地思考，创建一种在各个领域都非常有用的思维方式。
——［美］比尔·盖茨

## 6.限定装药量

这个游戏在实际操作时发现了一个问题：有人将装药量设得很高，炮弹飞行得很快，没有了弧形轨迹，变成了指哪打哪，因而失去了游戏的本意，也脱离了打炮的真实情况。现实中的大炮是不能无限制装药的，如果发射药装得太多，很可能导致大炮炸膛。

要解决这个问题，可以将发射药量控制在 5 到 15 之间。代码如右图所示：

这组代码的含义是：如果发射药量大于 5 小于 15，则增加或减少变量"发射药量"是有效的；如不能满足以上条件，增加或减少变量的数值就无效。

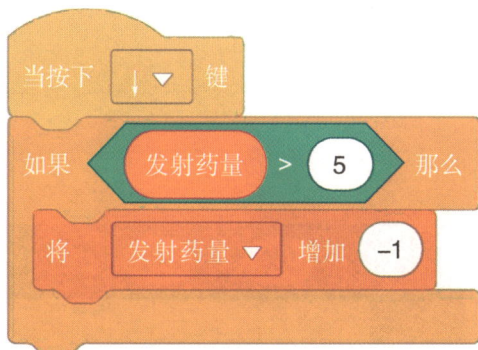

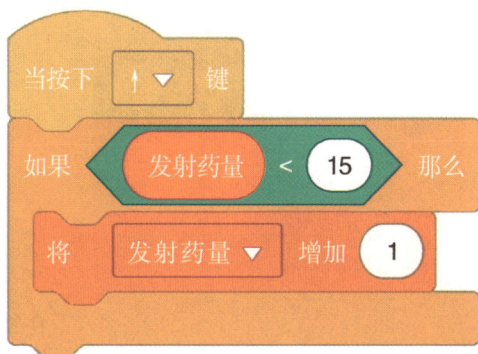

## 7.添加毒蜘蛛

为了简化角色的复制过程，我们这次使用克隆代码复制角色。代码如右图所示：

这组代码中建立了一个新的变量"蜘蛛数量"，其目的是在舞台上显示蜘蛛存活的数量。"隐藏"这个代码有什么作用呢？被克隆的蜘蛛我们都可以根据代码的设计，用大炮将其消灭掉；但是这个被克隆之前的蜘蛛没有被消灭的代码，它要是出现在舞台上，就会导致无法消灭，因而必须将其隐藏起来。

知道基本的编程技术，会为你将来进行选择以及施展抱负起到至关重要的作用。

——［美］马克·扎克伯格

被克隆出的蜘蛛均被定义了如下代码：

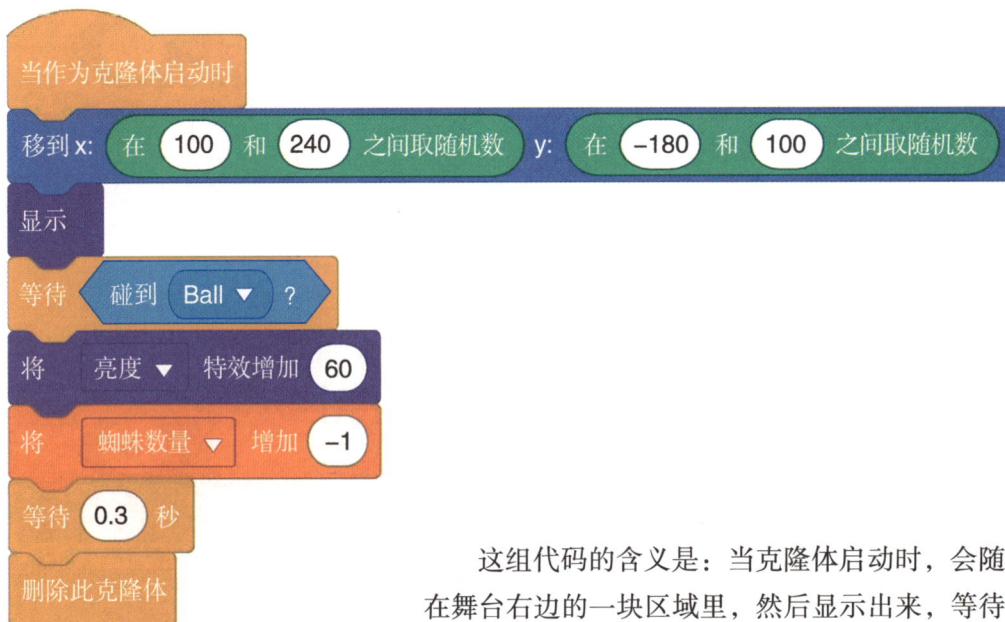

```
当作为克隆体启动时
移到x: 在 (100) 和 (240) 之间取随机数  y: 在 (-180) 和 (100) 之间取随机数
显示
等待 碰到 Ball ▼ ?
将 亮度 ▼ 特效增加 (60)
将 蜘蛛数量 ▼ 增加 (-1)
等待 (0.3) 秒
删除此克隆体
```

这组代码的含义是：当克隆体启动时，会随机分布在舞台右边的一块区域里，然后显示出来，等待着炮弹"Ball"的到来。碰到炮弹后，克隆体亮度将增加 60%，舞台上的变量"蜘蛛数量"将减少一个，0.3 秒以后，自己就消失了。

## 8.制作炮弹的爆炸效果

将炮弹的造型 ball-1 进行复制，将复制出的造型命名为 ball-2，并在矢量图状态下修改成爆炸状。（如右图所示）

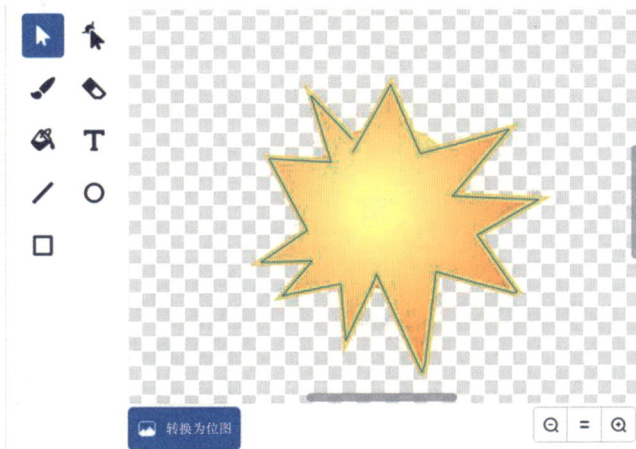

在代码组中添加改变造型的代码。（如右图所示）

本组代码的含义为：当造型 ball-1 碰到毒蜘蛛时，原造型 ball-1 换成 ball-2 并闪现 0.1 秒，然后回到发射前的位置，恢复成造型 ball-1，并且停止这个脚本。

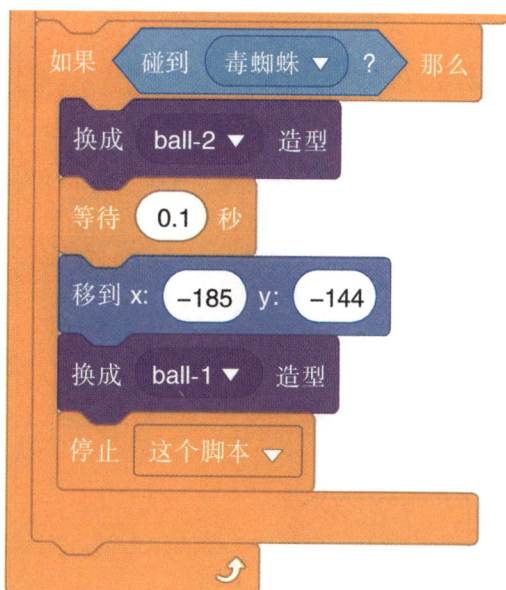

## 9. 添加大炮的音效

因 Scratch 素材库里没有大炮的发射声，所以需要自己录制。小朋友们可以自己尝试着录制各种击打的声音，比如手掌击门的声音、拍打桌面的声音等。录制完毕后，分别听一下，选取效果好的，添加到游戏中。（如下图所示）

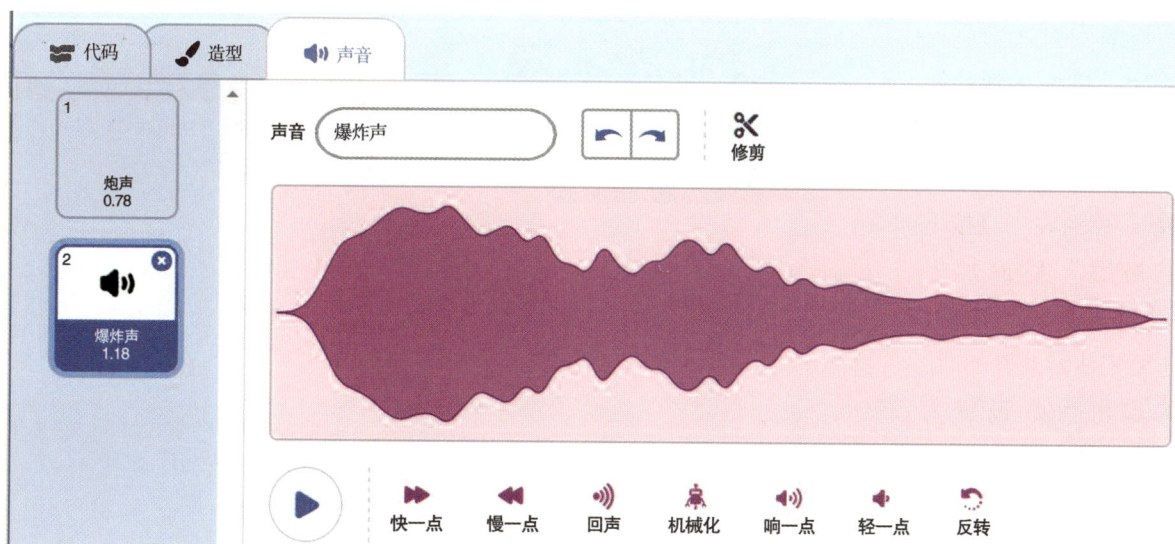

将录制好的声音添加到大炮的发射和炮弹爆炸时的代码组里面。大炮发射的声音加在按下空格键之后。（如右图所示）

炮弹的爆炸声接在炮弹碰到毒蜘蛛之后。（如左图所示）

## 10.统计大炮的发射次数

为了增加游戏的娱乐性，我们还要对大炮的发射次数进行统计。根据学到的知识，要统计还是要先建立变量"炮击次数"，然后在"当按下空格键"后面加上"将炮击次数增加1"，还要记住游戏开始时，将炮击次数设置为"0"。（如右图所示）

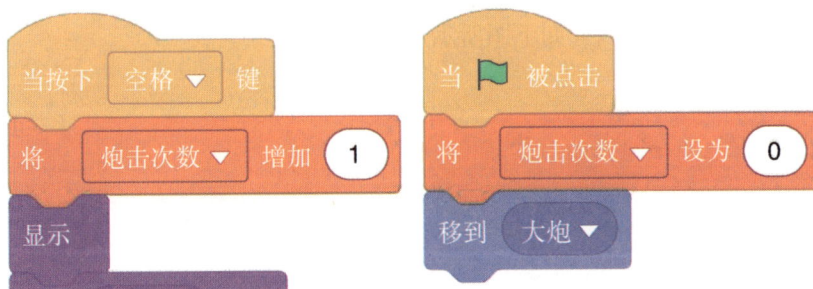

## 11. 添加背景

为了使画面美观一些，我们还要为游戏添加背景。背景可以在 Scratch 素材库里找一个。（如右图所示）

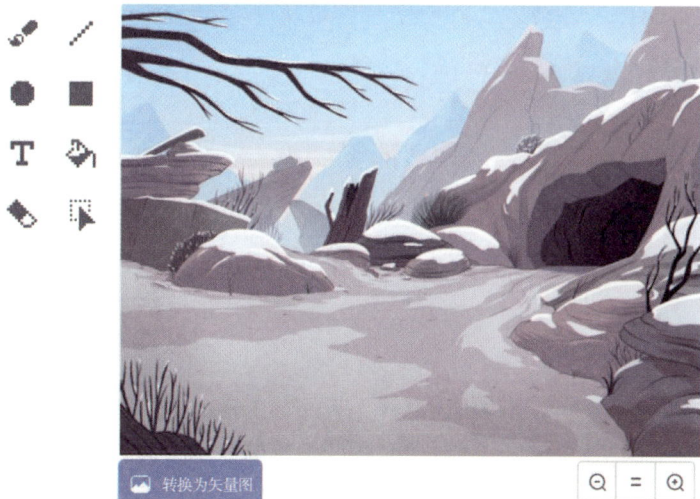

## 12. 全部游戏代码

为便于小朋友们制作，现将全部代码列出。

大炮的全部代码如右图所示：

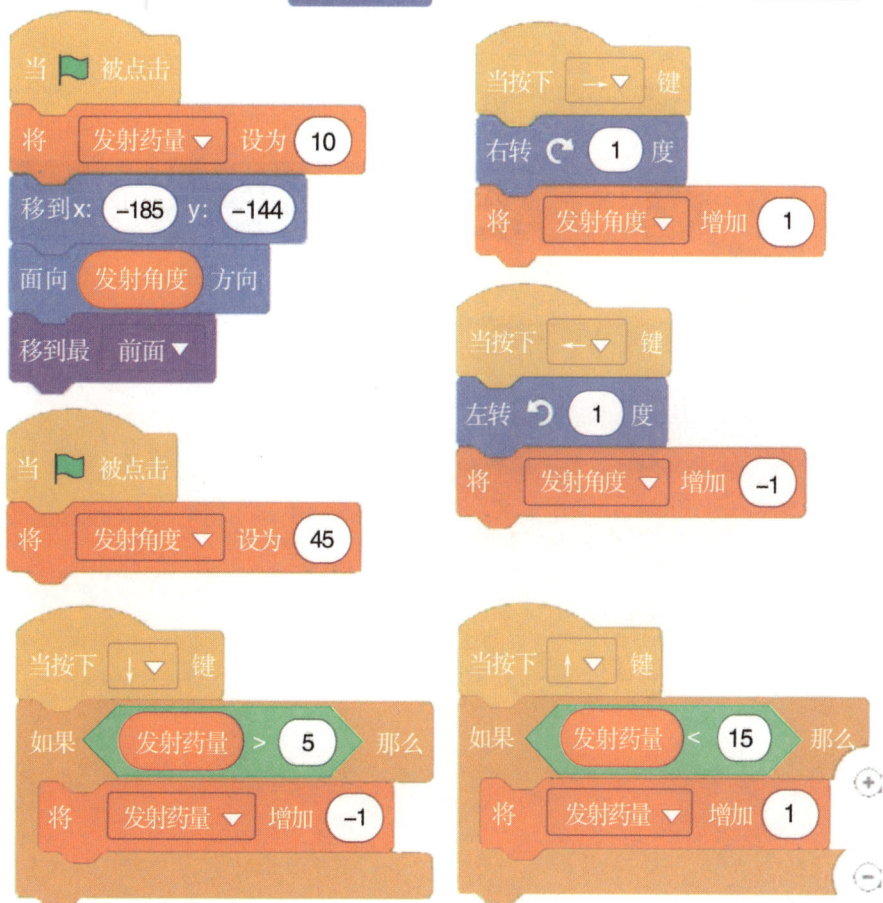

毒蜘蛛的全部代码如下图所示：

当 ▶ 被点击

隐藏

将 蜘蛛数量 ▼ 设为 10

重复执行 蜘蛛数量 次

　克隆 自己 ▼

当作为克隆体启动时

移到 x: 在 100 和 240 之间取随机数 y: 在 −180 和 100 之间取随机数

显示

等待 碰到 Ball ▼ ?

将 亮度 ▼ 特效增加 60

将 蜘蛛数量 ▼ 增加 −1

删除此克隆体

炮弹的全部代码如下图所示：

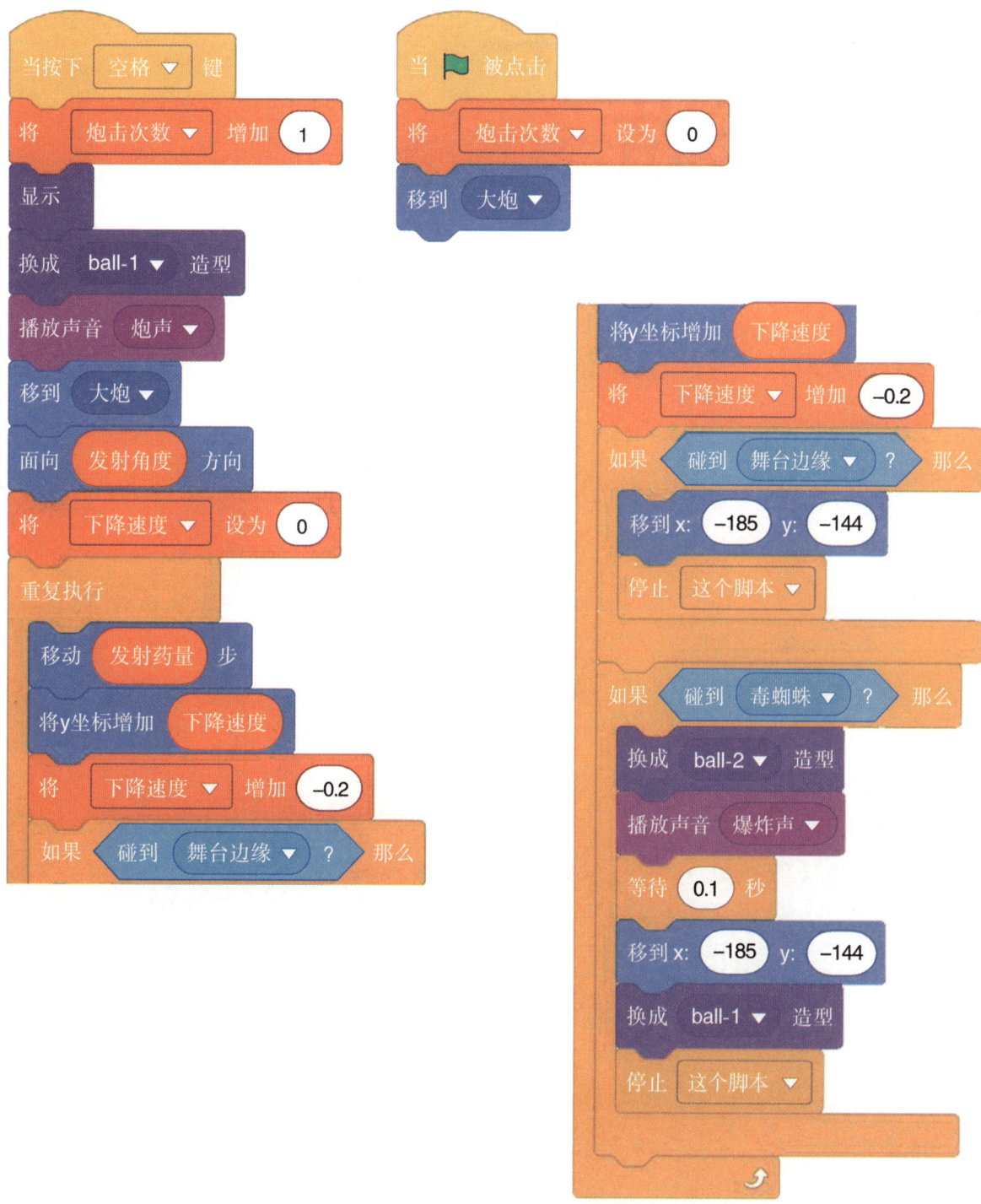

```
当按下 [空格 ▼] 键
将 [炮击次数 ▼] 增加 (1)
显示
换成 [ball-1 ▼] 造型
播放声音 [炮声 ▼]
移到 [大炮 ▼]
面向 (发射角度) 方向
将 [下降速度 ▼] 设为 (0)
重复执行
    移动 (发射药量) 步
    将y坐标增加 (下降速度)
    将 [下降速度 ▼] 增加 (-0.2)
    如果 <碰到 [舞台边缘 ▼] ?> 那么
```

```
当 🏴 被点击
将 [炮击次数 ▼] 设为 (0)
移到 [大炮 ▼]
```

```
将y坐标增加 (下降速度)
将 [下降速度 ▼] 增加 (-0.2)
如果 <碰到 [舞台边缘 ▼] ?> 那么
    移到x: (-185) y: (-144)
    停止 [这个脚本 ▼]

如果 <碰到 [毒蜘蛛 ▼] ?> 那么
    换成 [ball-2 ▼] 造型
    播放声音 [爆炸声 ▼]
    等待 (0.1) 秒
    移到x: (-185) y: (-144)
    换成 [ball-1 ▼] 造型
    停止 [这个脚本 ▼]
```

# 第十九章
# 跳跳猫

熊哥代码

最近有一种比较流行的游戏叫"跳一跳"，我们也可以用 Scratch 编出来。在编写游戏的过程中，我们还可以进一步强化对布尔代数的理解，提高编程的水平。

我们这款游戏叫"跳跳猫"，和"跳一跳"的原理是一样的，即依靠按住键盘时间的长短来确定小猫跳起的高度，以控制它成功地踏上下一个落脚点。编制这个游戏首先要确定编程思路，然后进行科学合理的设计，最后是细心编制。

## 1. 控制小猫弹跳高度

这个游戏最为复杂的地方应该是控制小猫弹跳的高度。怎么样通过长时间按下空格键来让小猫跳得越来越高呢?

首先我们会考虑到这是一个变量,应先建立一个"高度"变量,然后设法通过对空格键的控制改变这个变量中的数字。这样一来,我们就可以设计一个按下键盘数字就增加、松开键盘数字就停止增加的代码组。(如下图所示)

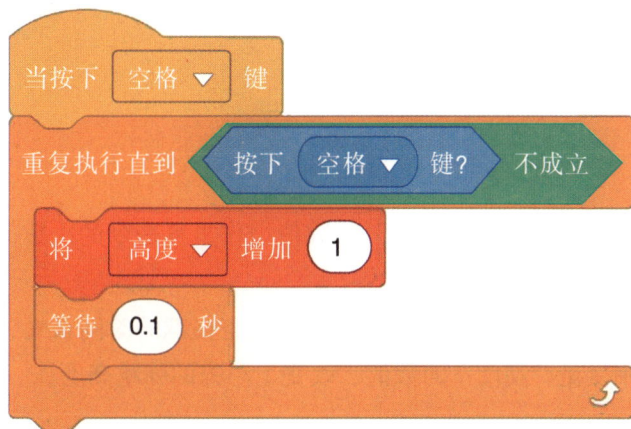

这组代码的含义很清楚:按下空格键,就执行一组重复执行的代码,其内容是,每过 0.1 秒,就将变量"高度"增加 1。之所以要有一个 0.1 秒的间隔,是防止数值增加太快,游戏者难以掌握。这组重复执行的代码有个终止条件,那就是发生了"按下空格键不成立"的事件。这个事件是一个布尔代数的计算方式。

我们再来看一下布尔代数的三种基本运算形式:

"或"要求两个条件中满足一个即可;"与"要求两个条件必须同时满足;"不成立"要求满足一个相反的结果。

这条代码上写的是"按下空格键不成立"，含义就是按下空格键的相反事件，就是松开空格键。

现在我们应该明白了，这组代码的含义是：按下空格键之后，就开始重复执行，每过 0.1 秒，就将变量"高度"增加 1，一直重复执行到松开空格键。

现在，我们有了变量"高度"，就可以使用它定义小猫的弹跳高度了。具体的方法是把变量"高度"的数值当作一个重复命令的次数，用这个次数去改变小猫在坐标 Y 轴上的高度。其代码如右图所示：

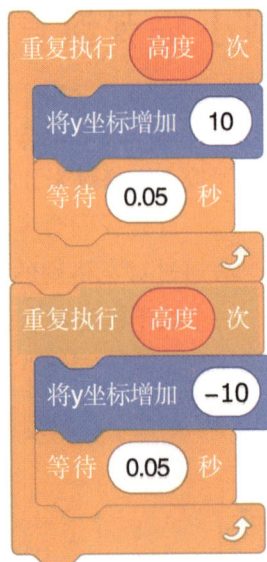

这组代码的含义是，使用变量"高度"的数值当作重复命令的次数，同时也控制小猫在坐标 Y 轴上的上升和下降。

现在回过头来看一下两组代码：第一组，使用按空格键的时间长短，改变了变量"高度"的数值；第二组则是使用变量"高度"的数值，改变了小猫的弹跳高度。

## 2. 让云彩移动起来

首先，通过添加角色在 Scratch 自带的素材库里找到云彩，然后将其安放在小猫的脚下。其坐标为 X=-100，Y=-120。

然后，为其添加代码。（如右图所示）

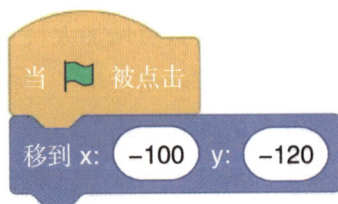

每当绿旗被点击时，第一朵云彩都要在小猫的脚下。接下来，我们要考虑云彩移动的问题了。云彩的移动涉及三个问题：一个是何时移动；第二个是何时停止；第三个是每次移动多少。

我们先来研究前两个问题。因为涉及小猫的跳起和落下这两个时间节点，所以要考虑到云彩开始移动的时间和小猫起跳的时间相一致，而云彩停止移动的时间，也应该与小猫落下的时间相一致。

我们知道，小猫从起跳到落下每次所用的时间并不相同，但所用的时间与起跳的高度有关。

我们可以借用变量"高度"来调整时间。由此，我们编制出相应的代码。（如下图所示）

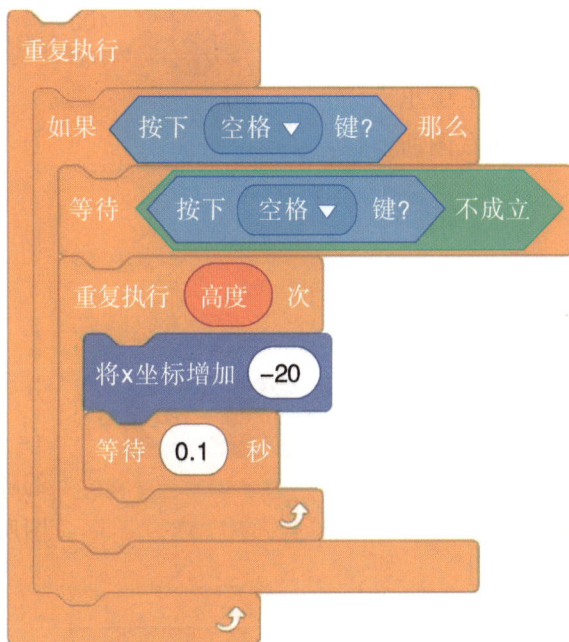

从这组代码中可以看出，当"按下空格键不成立"，也就是松开空格键时，云彩开始执行移动的代码，代码执行了变量"高度"的次数，两次之间等待 0.1 秒钟。

我们再去看小猫跳高的代码，起跳后，高度增加了变量"高度"的次数，然后又下降了相同的次数，两次之间等待 0.05 秒。也就是说，虽然小猫执行了 2 倍的"高度"次数，但是它每次等待的时间是 0.05 秒，云彩虽然只是执行了 1 倍的"高度"次数，但是云彩每次等待的时间是 0.1 秒，这样算起来，两者移动时所消耗的时间是一样的。这样就解决了小猫和云彩同时移动、同时停止的问题。

下面我们再研究第三个问题——每次移动多少的问题。在实际操作游戏的过程中，云彩每次的移动量要和小猫跳起的时间相协调，这个速度可以通过调整代码"将 X 坐标增加（　）"中的数字来改变。我们在实际测试时，感觉使用每次移动 –20 这个数值是比较合适的。

不要只是玩手机，去编写它的代码。
　　　　　　　　　　　　——美国前总统巴拉克·奥巴马

## 3. 克隆云彩

游戏开始后，小猫就站在角色"云彩"上。我们还要克隆出下一朵云彩，否则，小猫不知道下一步往哪里跳。（其代码如右图所示）

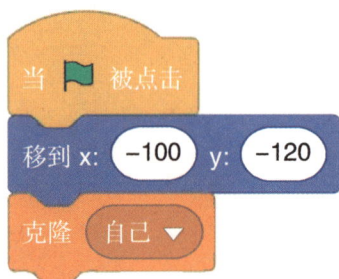

当 🚩 被点击
移到 x: -100 y: -120
克隆 自己 ▼

被克隆出的云彩要有一个随机分布，这个分布范围是：坐标 Y=-120，X 是 0 到 150 的随机数。（其代码如左图所示）

当作为克隆体启动时
移到 x: 在 0 和 150 之间取随机数 y: -120

被克隆出的云彩向左移动后，后续仍需要继续克隆，所以，要在移动代码后加上继续克隆的代码。（如右图所示）

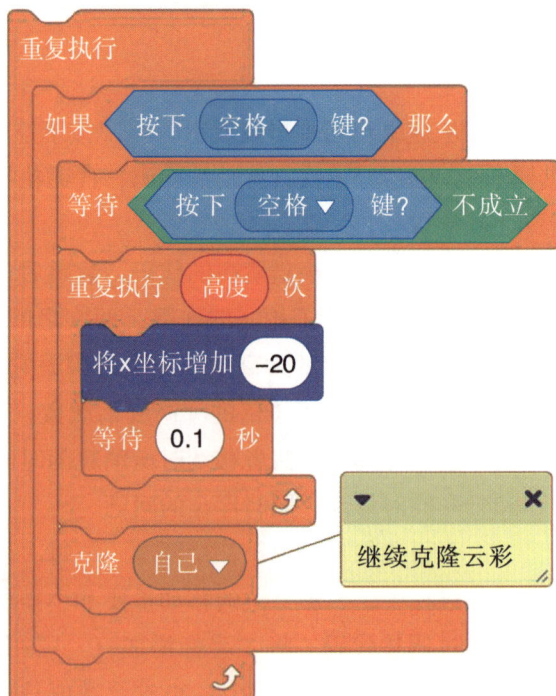

重复执行
  如果 按下 空格 ▼ 键? 那么
    等待 按下 空格 ▼ 键? 不成立
    重复执行 高度 次
      将x坐标增加 -20
      等待 0.1 秒
    克隆 自己 ▼

继续克隆云彩

克隆出的云彩也要执行向左移动的代码，所以，克隆的云彩启动后，要执行与角色"云彩"相同的代码。（如右图所示）

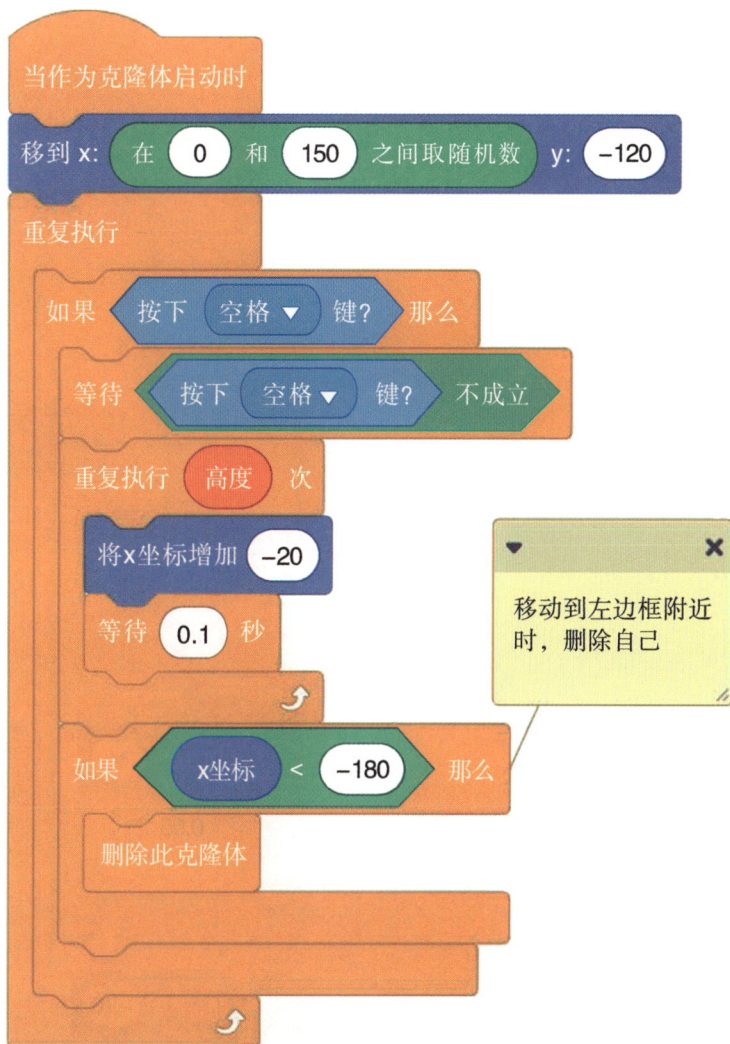

```
当作为克隆体启动时
移到 x: 在 0 和 150 之间取随机数 y: -120
重复执行
  如果 按下 空格▼ 键? 那么
    等待 按下 空格▼ 键? 不成立
    重复执行 高度 次
      将x坐标增加 -20
      等待 0.1 秒
    如果 x坐标 < -180 那么
      删除此克隆体
```

> 移动到左边框附近时，删除自己

这组代码与角色"云彩"的代码基本相同，只是后面增加了移动到左边框时删除自己的代码。

## 4. 统计得分

游戏规则是：

小猫每站上一朵云彩，就得一分，一旦踏空，则游戏结束。

为此我们还要建立一个变量"得分"，并在小猫代码的后面加上一组判断代码。（如右图所示）

```
如果 碰到 云彩▼ ? 那么
  将 得分▼ 增加 1
否则
  停止 全部脚本▼
```

## 5. 添加背景

在 Scratch 背景素材库里找一个合适的背景添加到游戏中。

## 6. 全部代码

小猫的代码：

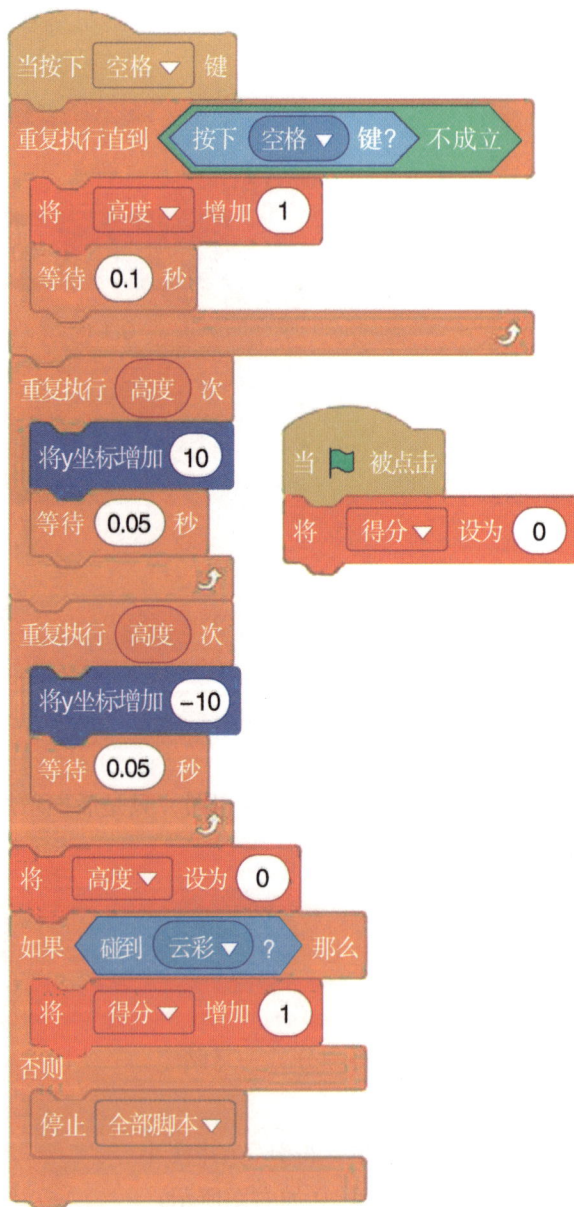

云彩的代码：

```
当 ▶ 被点击
移到 x: -100 y: -120
克隆 自己 ▼
重复执行
    如果 按下 空格 ▼ 键? 那么
        等待 按下 空格 ▼ 键? 不成立
        重复执行 高度 次
            将x坐标增加 -20
            等待 0.1 秒
        克隆 自己 ▼
```

```
当作为克隆体启动时
移到 x: 在 0 和 150 之间取随机数 y: -120
重复执行
    如果 按下 空格 ▼ 键? 那么
        等待 按下 空格 ▼ 键? 不成立
    重复执行 高度 次
        将x坐标增加 -20
        等待 0.1 秒
    如果 x坐标 < -180 那么
        删除此克隆体
```

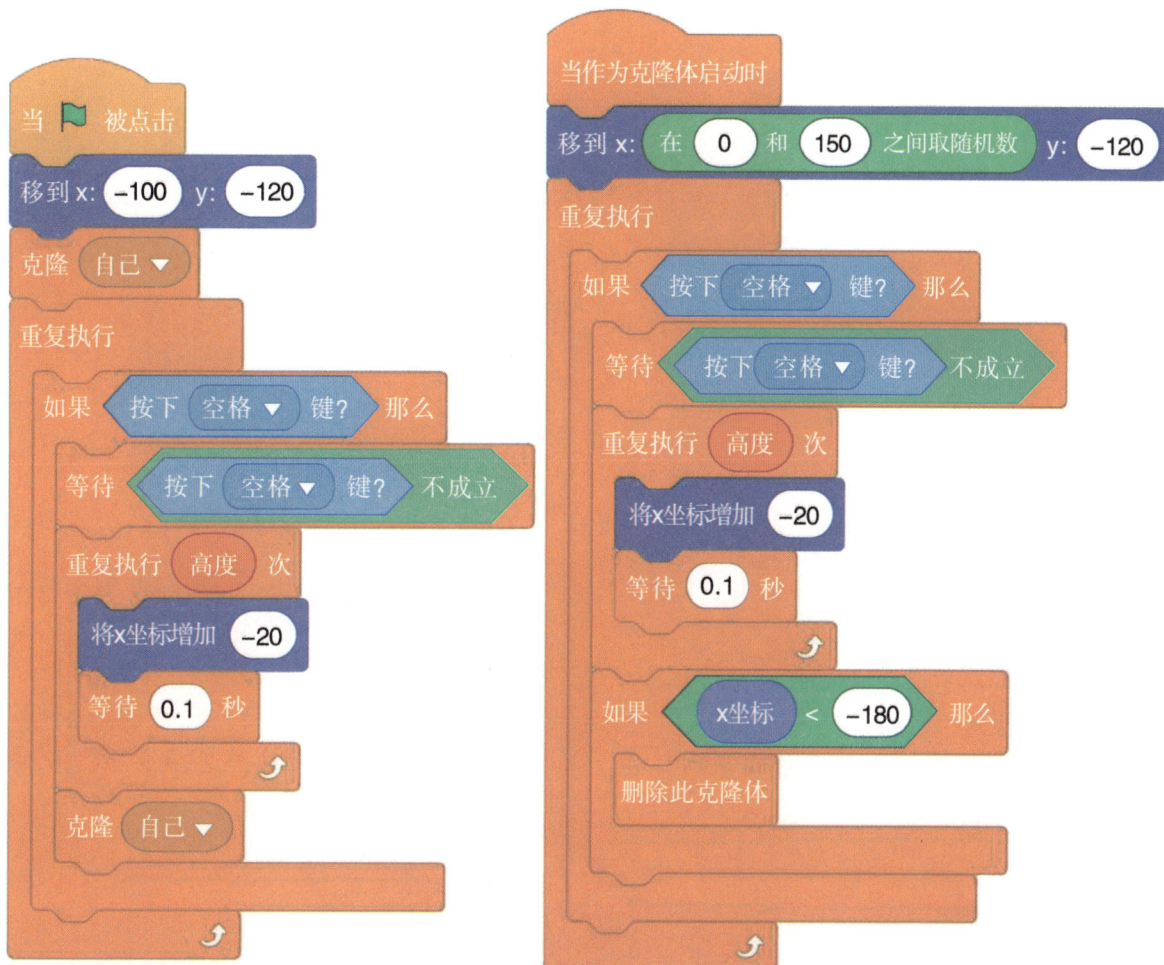